초등 교과서 기초 한자 시리즈

초등한자 6급
한자능력시험대비
한권으로 끝내는 초등한자

시사정보연구원 편저

시사패스
SISAPASS.COM

초등한자 6급
한자능력시험대비 한권으로 끝내는 초등한자

초판 인쇄   2020년 6월 15일
초판 발행   2020년 6월 20일

편저자   시사정보연구원
발행인   권윤삼
발행처   도서출판 산수야

등록번호   제1-1515호
주소   서울시 마포구 월드컵로 165-4
우편번호   03962
전화   02-332-9655
팩스   02-335-0674

ISBN 978-89-8097-510-5   73710

값은 뒤표지에 있습니다. 잘못된 책은 바꾸어 드립니다.

이 책의 모든 법적 권리는 도서출판 산수야에 있습니다.
저작권법에 의해 보호받는 저작물이므로
본사의 허락 없이 무단 전재, 복제, 전자출판 등을 금합니다.

이 도서의 국립중앙도서관 출판시도서목록(CIP)은
서지정보유통지원시스템 홈페이지(http://seoji.nl.go.kr)와
국가자료공동목록시스템(http://www.nl.go.kr/kolisnet)에서 이용하실 수 있습니다.
(CIP제어번호: CIP2020019664)

★ 머리말

**성적을 쑥쑥 올려주는 교과서 한자로
재미있게 공부하면서 한자급수도 빨리 딸 수 있어요**

어린이 여러분, 혹시 친구들과 이야기를 하거나 부모님과 대화를 나눌 때 이해하기 어려운 낱말을 접한 경험이 있나요? 그래요. 어휘력이 부족하다는 생각이 들 때가 있었을 거예요. 이야기를 하거나 책을 읽을 때, 낱말이 정확하게 이해되지 않아 답답한 상황도 살짝 경험했을 거구요. 어렵거나 모르는 낱말은 부모님께 묻거나 사전을 찾거나 친구에게 물어서 이해하고 넘어가면 좋은데 지나치면 그 단어가 또 나왔을 때 당황하게 된답니다. 그 이유는 낱말을 정확하게 이해해야 우리말과 문장을 이해할 수 있기 때문이지요.

여러분은 우리말의 70퍼센트가 한자어로 구성되어 있다는 사실을 알고 있나요? 중국과 일본과 한국은 동아시아의 대표적인 나라이며, 모두 한자를 사용하고 있어요. 그러니 어휘에 한자어가 많겠죠? 특히 추상적인 어휘가 많이 등장하는 사회나 과학 과목을 공부할 때는 한자를 많이 아는 것이 큰 도움이 돼요.

이 책은 한자급수 6급에 해당하는 한자 300개를 중심으로 교과서에 나오는 단어들로 재구성하였답니다. 어린이 여러분이 초등학교에서 배우는 한자어를 기억하기 쉽도록 설명하고 있을 뿐만 아니라 어휘를 늘릴 수 있도록 배려했어요. 한자능력시험도 대비하면서 성적도 쑥쑥 올릴 수 있으니 일석이조랍니다.

한자능력시험대비 초등한자는 학습을 강요하는 책이 아니라 인성과 창의력, 어휘력을 늘리는 데 중점을 두었어요. 다양한 단어들로 구성된 읽을거리를 통해 독해력과 사고력을 높일 수 있답니다. 특히 이 책은 한자의 3요소인 뜻, 소리, 모양과 자원, 부수, 총획수, 쓰기 연습, 획순, 어휘 등의 순으로 한자를 재미있게 학습할 수 있어요. 급수별 시험문제들은 응시하는 곳의 홈페이지에서 무료로 사용할 수 있답니다.

어린이 여러분, 한꺼번에 많은 분량을 공부하는 것보다는 조금씩, 꾸준하게 하는 것이 중요합니다. 자신을 관찰한 뒤, 스스로 계획을 세워서 실천하는 어린이가 되기를 희망합니다.

이 책의 특징

부수 ｜ 한자의 기본이 되는 부수를 익힙니다.

자원 ｜ 한자가 만들어지는 과정을 한 번 보고 익히면 기억되는 연산법을 활용하여 한자를 기억하게 합니다.

쓰기 ｜ 한자 따라 쓰기의 과정을 통해 한자를 완전하게 학습하도록 합니다.

획순 ｜ 한자를 바르게 쓸 수 있도록 획순을 표시하였습니다. 모든 글자는 쓰는 순서가 정해져 있습니다. 올바른 순서에 따라 글씨 연습을 하면 바르고 예쁜 글씨를 쓸 수 있습니다.

어휘 ｜ 한자와 한자가 결합한 단어를 학습하면 어휘력을 높일 수 있습니다. 어휘력을 높이면 국어 실력뿐만 아니라 사회나 과학, 수학까지도 재미있게 공부할 수 있습니다.

★ 한자의 형성 원리를 배워요

1. 한자는 실제 모양과 형태를 본뜬 글자예요. 상형문자라고 하지요.

☼ → ☉ → ⊖ → 日 — 날 일 (해의 모양)

→ → → 子 — 아들 자 (아들의 모양)

👁 → → → 目 — 눈 목 (눈의 모양)

2. 실제 모양으로 나타낼 수 없는 것은 점이나 선이나 부호로 그려 글자를 만들어요. 지사문자라고 하지요.

⊥ → ⊥ → ⊥ → 上 — 위 상 (위를 뜻함)

中 → 中 → 中 → 中 — 가운데 중 (가운데를 뜻함)

木 → → → 本 — 근본 본 (뿌리를 뜻함)

3. 이미 만들어진 글자를 둘 이상 합쳐서 새로운 글자를 만들어요.
회의문자나 형성문자라고 하지요.

밭에서 힘써 일하는 사람을 남자로 나타냈답니다.

해와 달이 같이 있으니 엄청 밝다는 뜻이 된답니다.

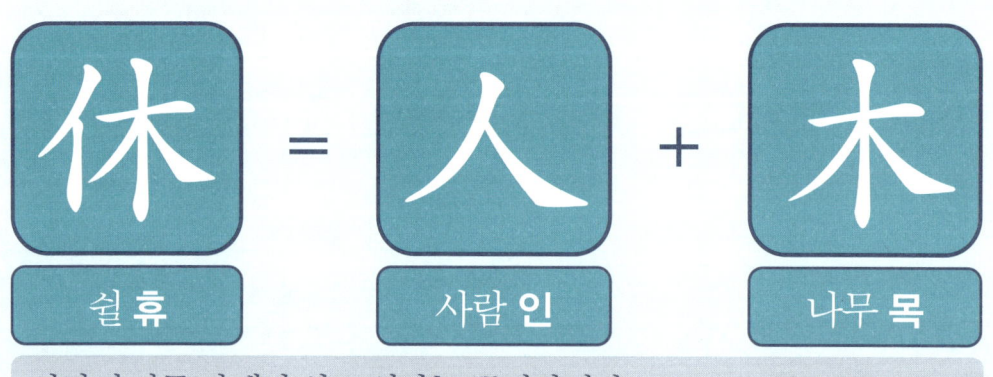

사람이 나무 아래서 쉬고 있다는 뜻이랍니다.

★ 한자 쓰기의 기본 원칙을 배워요

1. 위에서 아래로 쓴다.

言 말씀 언	一 二 三 三 言 言 言
雲 구름 운	一 厂 戶 币 雨 雨 雨 雲 雲 雲 雲

2. 왼쪽에서 오른쪽으로 쓴다.

江 강 강	丶 氵 氵 汀 江 江
例 법식 예	丿 亻 仁 伊 伊 伊 例 例

3. 가로획과 세로획이 겹칠 때는 가로획을 먼저 쓴다.

用 쓸 용	丿 冂 月 月 用
共 함께 공	一 十 卄 井 共 共

4. 삐침과 파임이 만날 때는 삐침을 먼저 쓴다.

人 사람 인	丿 人
文 글월 문	丶 一 ナ 文

5. 좌우가 대칭될 때에는 가운데를 먼저 쓴다.

小 작을 소	亅 小 小
承 받들 승	乛 了 了 丞 丞 承 承

6. 둘러 싼 모양으로 된 자는 바깥쪽을 먼저 쓴다.

同 같을 동	丨 冂 冃 冋 同 同
病 병날 병	丶 亠 广 广 疒 疒 疒 病 病 病

7. 글자를 가로지르는 가로획은 나중에 긋는다.

女 여자 녀	く 夊 女
母 어미 모	く 夊 夊 母 母

8. 글자 전체를 꿰뚫는 세로획은 나중에 쓴다.

車 수레 거	一 厂 厂 百 百 亘 車
事 일 사	一 厂 厂 百 写 写 写 事

9. 책받침(辶, 廴)은 나중에 쓴다

近 원근 근	丿 厂 厂 斤 斤 近 近
建 세울 건	𠃍 彐 彐 彐 肀 聿 津 建 建

10. 오른쪽 위에 점이 있는 글자는 그 점을 나중에 찍는다.

犬 개 견	一 ナ 大 犬
成 이룰 성	丿 厂 厂 厈 成 成 成

★ 8급 한자를 5자로 묶었어요. 노래를 부르듯 흥얼거리면서 배워 봐요!

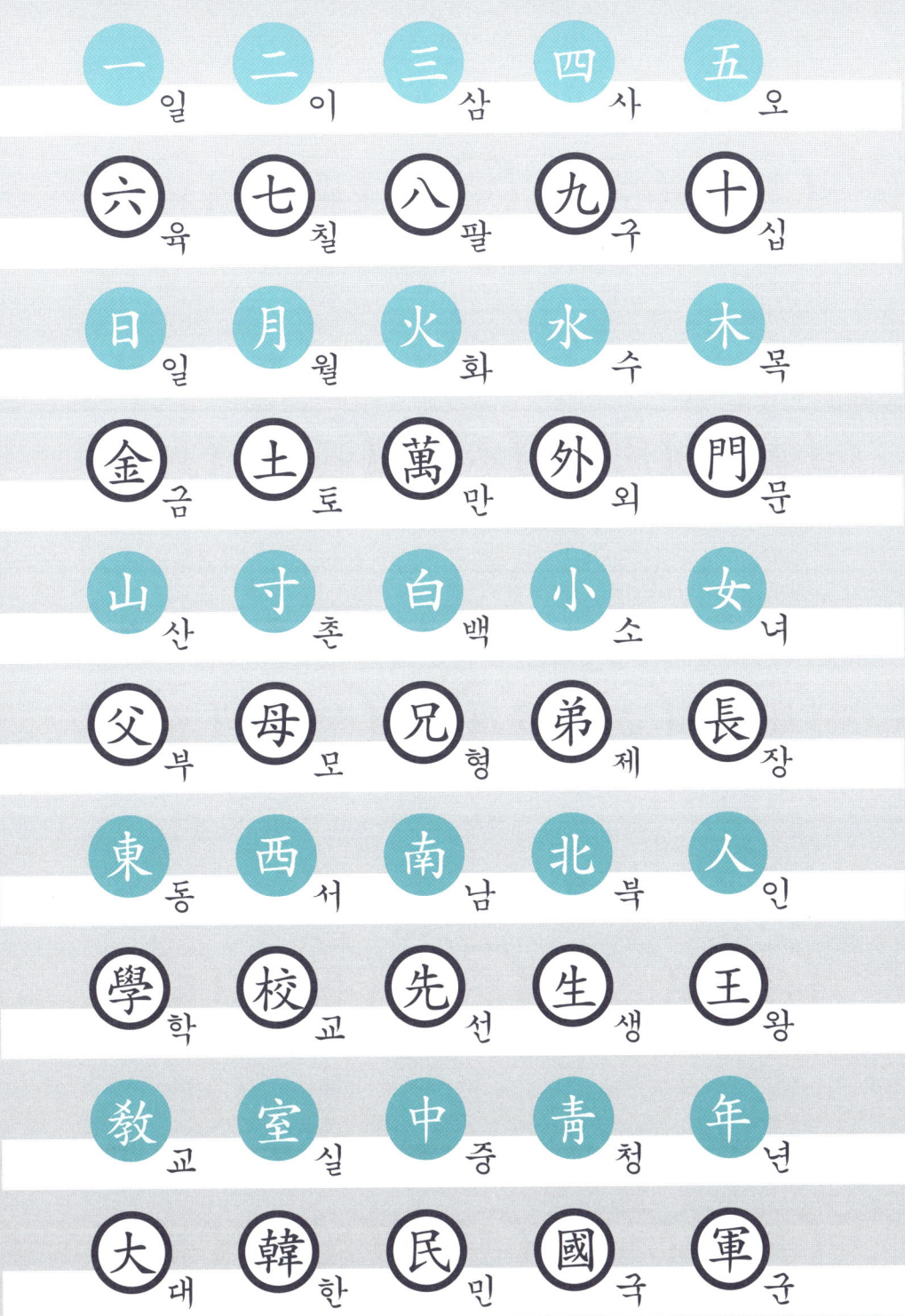

★ 7급 한자를 재미있게 배워요!

家	집 가	부수: 宀(갓머리) 총 10획
	家事 가사	집안 살림살이에 관한 일, 또는 한 집안의 사사로운 일. (事 일 사)
	家口 가구	① 집안 식구. ② 집안의 사람 수효. ③ 현실적으로 주거 및 생계를 같이하는 사람의 집단. (口 입 구)

丶丶宀宀宀宀宁宁家家家家

家					

歌	노래 가	부수: 欠(하품흠) 총 14획
	歌手 가수	노래 부르는 것을 직업(職業)으로 삼는 사람. (手 손 수)
	歌人 가인	노래를 부르거나 짓는 사람. (人 사람 인)

一丆丆可可可哥哥哥哥歌歌歌

歌					

角	뿔 각	부수: 角(뿔각) 총 7획
	角度 각도	① 각의 크기. ② 생각의 방향이나 관점, 일이 전개(展開)되는 방면 (度 법도 도)
	角度計 각도계	각도(角度)를 측정(測定)하는 기구(器具). (度 법도 도) (計 셀 계)

丿⺈ⴈ⺈角角角

角					

	각각 각	부수 : 口(입구) 총 6획
各	各各 각각	① 제각기. ② 따로따로.
	各國 각국	각 나라. (國 나라 국)

丿 ク タ 夂 各 各

各						

	사이 간	부수 : 門(문문) 총 12획
間	間言 간언	남의 사이를 떼어놓는 말. (言 말씀 언)
	間印 간인	서류(書類)에 얽어 맨 종잇장 사이에 도장(圖章)을 걸쳐 찍음. (印 도장 인, 찍을 인)

丨 卩 𡗗 𡗗 門 門 門 門 問 間

間						

	느낄 감	부수 : 心(마음심) 총 13획
感	感動 감동	깊이 느끼어 마음이 움직임. (動 움직일 동)
	感情 감정	어떤 현상이나 일에 대하여 일어나는 마음이나 느끼는 기분. (情 뜻 정)

丿 厂 厂 厂 斤 斤 咸 咸 咸 咸 感 感

感						

江

강 강	부수: 氵(삼수변) 총 6획
江南 강남	① 강의 남쪽. ② 따뜻한 남쪽 나라. (南 남녘 남)
江北 강북	① 강의 북쪽 지방(地方). ② 한강(漢江)의 북쪽 지방(地方). (北 북녘 북)

丶 丶 氵 氵 江 江

强

굳셀 강	부수: 弓(활궁) 총 12획
强國 강국	강(强)한 나라. 센 나라. (國 나라 국)
强弱 강약	① 강함과 약함. ② 강(强)한 자(者)와 약한 자(者). (弱 약할 약)

丶 丶 弓 弓 弘 弘 弘 弘 弘 强 强 强

開

열 개	부수: 門(문문) 총 12획
開國 개국	① 새로 나라를 세움. ② 외국(外國)과의 교제(交際)를 처음으로 시작(始作)함. (國 나라 국)
開學 개학	방학(放學)을 마치고 다시 수업(授業)을 시작(始作)함. (學 배울 학)

丨 丨 丨 丨 丨 門 門 門 門 開 開

車	수레거,수레차	부수 : 車(수레거) 총 7획
	車駕 거가	① 임금이 타는 수레. ② 임금의 행차(行次). (駕 멍에 가)
	車馬 거마	① 수레와 말. ② 수레에 맨 말. (馬 말 마)

一 ㄱ 厂 厅 百 亘 車

車					

京	서울 경	부수 : 亠(돼지해머리) 총 8획
	京仁 경인	서울과 인천(仁川)을 아울러 일컫는 말. (仁 어질 인)
	京畿 경기	① 서울을 중심(中心)으로 한 가까운 주위(周圍)의 땅. ② 경기도(京畿道)의 준말. (畿 경기 기)

丶 一 六 亡 古 亨 京 京

京					

界	지경 계	부수 : 田(밭전) 총 9획
	境界 경계	① 사물이 어떠한 기준에 의하여 분간되는 한계. ② 지역이 구분되는 한계. (境 지경 경)
	世界 세계	① 지구 상의 모든 나라. 또는 인류 사회 전체. ② 대상이나 현상의 모든 범위. (世 대 세, 인간 세)

丨 冂 冂 用 田 罒 쁘 界 界

界					

計

셀 계	부수 : 言 (말씀언) 총 9획
計算 계산	① 수를 헤아림. ② 주어진 수나 식을 일정한 규칙에 따라 처리하여 수치(數値)를 구(求)하는 일. (算 셈 산)
計劃 계획	앞으로 할 일의 절차, 방법, 규모 따위를 미리 헤아려 작정함. 또는 그 내용. (劃 그을 획)

一 亠 三 言 言 言 計

高

높을 고	부수 : 高(높을고) 총 10획
高低 고저	① 높고 낮음. ② 높낮이. (低 낮을 저)
高下 고하	① 나이의 많음과 적음. ② 신분이나 지위의 높음과 낮음. (下 아래 하)

丶 亠 亠 古 古 高 高 高 高

苦

쓸 고	부수 : ++(초두머리) 총 9획
苦待 고대	매우 기다림. 학수고대(鶴首苦待); 학의 목처럼 목을 길게 빼고 간절히 기다림. (待 기다릴 대)
苦役 고역	몹시 힘들고 고되어 견디기 어려운 일. (役 부릴 역)

一 十 卄 艹 ザ 芊 芊 苦 苦

古	옛 고	부수 : 口(입구) 총 5획
	古代 고대	① 옛 시대. ② 역사 시대 구분의 하나로, 원시 시대와 중세 사이의 시대. (代 대신할 대)
	古典 고전	① 옛날의 의식(儀式)이나 법식(法式). ② 오랫동안 많은 사람에게 널리 읽히고 모범이 될 만한 문학이나 예술 작품. (典 법 전)

一 十 十 古 古

古					

工	장인 공	부수 : 工(장인공) 총 3획
	工事 공사	공장(工場)이나 토목(土木), 건축(建築) 등(等)에 관(關)한 일. (事 일 사)
	工夫 공부	학문이나 기술을 배우고 익힘. (夫 지아비 부)

一 T 工

工					

空	빌 공	부수 : 穴(구멍혈) 총 8획
	空氣 공기	지구(地球)의 표면(表面)을 둘러싸고 있는 무색(無色), 무취(無臭), 투명(透明)의 기체(氣體). (氣 기운 기)
	空中 공중	하늘, 하늘 가운데, 중천(中天). (中 중간 중)

丶 丶 宀 宀 宀 空 空 空

空					

公	공평할 공	부수 : 八(여덟팔) 총 4획
	公人 공인	국가(國家)나 사회(社會)를 위(爲)하여 일하는 사람. (人 사람 인)
	公休 공휴	① 정(定)한 날에 같이 쉼. ② 공휴일(公休日)의 준말. (休 쉴 휴)

ノ 八 公 公

公						

功	공 공	부수 : 力(힘력) 총 5획
	功勞 공로	어떤 목적(目的)을 이루는 데에 힘쓴 노력(努力)이나 수고. (勞 일할 로)
	功名 공명	① 공을 세워 이름을 떨침. ② 공적(功績)과 명예(名譽). ③ 공을 세운 이름. (名 이름 명)

一 丅 工 巧 功

功						

共	함께 공 한가지 공	부수 : 八(여덟팔) 총 6획
	共感 공감	남의 감정, 의견, 주장 따위에 대하여 자기도 그렇다고 느낌. 또는 그렇게 느끼는 기분. (感 느낄 감)
	共同 공동	① 여러 사람이 일을 같이 함. ② 여러 사람이 같은 자격(資格)으로 모이는 결합(結合). (同 한가지 동)

一 十 卄 丑 共 共

共						

科	과목 과 과정 과	부수: 禾(벼화) 총 9획
	科目 과목	가르치거나 배워야 할 지식 및 경험의 체계를 세분하여 계통을 세운 영역. (目 눈 목)
	科程 과정	교육과정(敎育課程)의 준말. (程 한도 정)

丿 二 千 千 禾 禾 科 科

科						

果	실과 과	부수: 木(나무목) 총 8획
	果樹園 과수원	①과실나무를 심은 밭. ②과실(果實)나무를 재배(栽培)하여 과실(果實)을 거두는 것을 목적으로 하는 영업. (樹 나무 수) (園 동산 원)
	果實 과실	①과일. ②열매. (實 열매 실)

丨 冂 冃 日 旦 甲 果 果

果						

光	빛 광	부수: 儿(어진사람인발) 총 6획
	光大 광대	크게 번성함. (大 클 대)
	光線 광선	①빛의 줄기. ②빛 에너지가 전파되는 경로를 나타내는 선. (線 줄 선)

丨 丨 丷 业 光 光

光						

校	학교 교	부수: 木(나무목) 총 10획
	校歌 교가	학교(學校)를 상징하는 노래로 학교의 교육 정신, 이상, 특성 등을 담아 학생(學生)으로 하여금 부르게 하는 노래. (哥 노래 가)
	母校 모교	자기(自己)가 졸업(卒業)한 학교(學校). (母 어미 모)

一 十 才 木 木 术 柠 校 校 校

校						

教	가르칠 교	부수: 攵(등글월문) 총 11획
	敎育 교육	가르치어 지능(知能)을 가지게 하는 일. (育 기를 육)
	敎訓 교훈	가르치고 깨우침, 타이름, 훈계(訓戒)함. (訓 훈계 훈)

ノ メ 土 耂 孝 孝 孝 教 教 教 教

敎						

交	사귈 교	부수: 亠(돼지해머리) 총 6획
	交代 교대	서로 번갈아 드는 사람 또는 그 일. (代 대신할 대)
	交友 교우	벗을 사귐. 또는 그 벗. (友 벗 우)

丶 一 亠 六 六 交

交						

九

아홉 구	부수: 乙(새을) 총 2획
九十 구십	아흔의 한자어(漢字語). (十 열 십)
九天 구천	하늘의 가장 높은 곳, 또는 하늘 위. 대지(大地)를 중심(中心)으로 한 아홉 하늘. (天 하늘 천)

丿九

九

口

입 구	부수: 口(입구) 총 3획
口腔 구강	입 안의 빈 곳. 곧 소화관(消化管)의 맨 앞 끝 부분(部分)으로 입에서 목구멍에 이르는 부분(部分). (腔 빈속 강)
口呼 구호	① 외침. ② 말로 부름. (呼 부를 호)

丨口口

口

球

공 구	부수: 王(구슬옥변) 총 11획
球技 구기	공을 사용하는 운동 경기. 야구, 축구, 배구, 탁구 따위가 있음. (技 재주 기)
球團 구단	야구, 축구, 농구 따위를 사업으로 하는 단체. (團 둥글 단)

一二千王王玗玗玙玙球球

球

區	구분할 구 지경 구	부수 : ㄷ(감출혜몸) 총 11획
	區別 구별	성질이나 종류에 따라 차이가 남. 또는 성질이나 종류에 따라 갈라놓음. (別 나눌 별)
	區分 구분	일정한 기준에 따라 전체를 몇 개로 갈라 나눔. (分 나눌 분)

一 丆 丙 百 戸 品 品 品 品 品 區

區								

國	나라 국	부수 : 囗(큰입구몸) 총 11획
	國民 국민	한 나라의 통치권(統治權) 아래에 그 나라의 국적(國籍)을 가지고 있는 백성(百姓). (民 백성 민)
	國家 국가	일정한 영토와 거기에 사는 사람들로 구성되고, 주권에 의한 하나의 통치 조직을 가지고 있는 사회 집단. 국민(國民)·영토(領土)·주권(主權)의 3요소가 필요함. (家 집 가)

丨 冂 冂 冋 冋 冋 国 國 國 國

國								

軍	군사 군	부수 : 車(수레거) 총 9획
	國軍 국군	나라의 군대(軍隊), 대한민국(大韓民國)의 군대(軍隊). (國 나라 국)
	軍隊 군대	일정(一定)한 조직(組織) 편제(編制)를 가진 군인(軍人)의 집단(集團). (隊 무리 대)

丨 冖 冖 宀 宀 肙 宣 軍 軍

軍								

	고을 군	부수 : 阝(우부방) 총 10획
郡	郡主 군주	조선 시대에 왕세자의 정실(正室)에서 태어난 딸에게 내리던 정이품 외명부의 품계. (主 임금 주)
	郡守 군수	군(郡)의 행정을 맡아보는 으뜸 직위에 있는 사람. 또는 그 직위. (守 지킬 수)

フ ㄱ ㅋ 尹 尹 君 君 君' 君ß 郡

郡					

	뿌리 근	부수 : 木 (나무목) 총 10획
根	根據 근거	①근본이 되는 거점. ②어떤 일이나 의논, 의견에 그 근본이 됨. 또는 그런 까닭. (據 근거 거)
	根本 근본	①초목의 뿌리. ②사물의 본질이나 본바탕. (本 근본 본)

一 十 才 木 朩' 朩' 朩ㅋ 栢 根 根

根					

	가까울 근	부수 : 辶(책받침) 총 8획
近	近來 근래	가까운 요즈음. (來 올 래)
	近接 근접	가까이 접근함. (接 이을 접)

ノ ㄏ ㄷ 斤 斤 近 近

近					

金	쇠 금 성씨 김	부수 : 金(쇠금) 총 8획
	金剛山 금강산	강원도 북부에 있는 이름난 산으로 봄에는 금강산(金剛山), 여름에는 봉래산(蓬萊山), 가을에는 풍악산(楓嶽山), 겨울에는 개골산(皆骨山)으로 불림. (剛 굳셀 강, 山 메 산)
	年金 연금	정부(政府)나 회사(會社) 또는 단체(團體)가 일정(一定)한 동안 어떠한 개인(個人)에게 해마다 주는 돈. (年 해 년, 해 연)

ノ 人 人 人 今 全 全 金 金

金							

今	이제 금	부수 : 人(사람인) 총 4획
	今年 금년	올해. (年 해 년)
	今上 금상	현재 왕위에 있음. 또는 그런 임금. (上 위 상)

ノ 人 人 今

今							

急	급할 급	부수 : 心(마음심) 총 9획
	急流 급류	① 물이 빠른 속도로 흐름. 또는 그 물. ② 어떤 현상이나 사회의 급작스러운 변화를 비유적으로 이르는 말. (流 흐를 류)
	急所 급소	① 조금만 다쳐도 생명에 지장을 주는 몸의 중요한 부분. ② 사물의 가장 중요한 곳. (所 바 소)

ノ ク ク ク 刍 刍 急 急 急

急							

級	등급 급	부수 : 糸(실사) 총 10획
	級數 급수	① 기술 따위를 우열에 따라 매긴 등급. ② 일정한 법칙에 따라 증감하는 수를 일정한 순서로 배열한 수열의 합. (數 셈수)
	級訓 급훈	학급에서 교육 목표로 정한 덕목. (訓 가르칠 훈)

丿 𠃌 幺 幺 糸 糸 糽 紉 級 級

級					

氣	기운 기	부수 : 气(기운기엄) 총 10획
	氣力 기력	① 일을 감당(堪當)해 나갈 수 있는 정신(精神)과 육체(肉體)의 힘. ② 압착(壓搾)한 공기(空氣)의 힘, 또는 원기(元氣). (力 힘력)
	氣分 기분	① 마음에 생기는 유쾌(愉快)·불쾌(不快)·우울(憂鬱) 따위의 주관적(主觀的)이고 단순(單純)한 감정(感情) 상태(狀態). ② 분위기(雰圍氣). (分 나눌 분)

丿 𠂉 𠂉 气 气 气 氕 氣 氣 氣

氣					

記	기록할 기	부수 : 言(말씀언) 총 10획
	記事 기사	① 사실(事實)을 적음, 또는 그런 글. ② 신문(新聞)이나 잡지(雜誌) 등(等)에 어떤 사실(事實)을 실어 알리는 글. (事 일 사)
	記錄 기록	① 사실(事實)을 적은 서류(書類), 또는 사실(事實)을 적음. ② 운동(運動) 경기(競技) 등(等)의 성적(成績). ③ 사료(史料)로서의 일기(日記) 등(等)과 같은 자료(資料). (錄 적을록)

一 二 三 言 言 言 訁 訂 記 記

記					

旗

기 기	부수: 方(모방) 총 14획
旗手 기수	① 기를 가지고 신호(信號)하는 일을 맡은 사람. ② 일반(一般) 행사(行事)나 군대(軍隊)에서 기를 들거나 받드는 사람. (手 손 수)
旗號 기호	① 기(旗)의 표장(標章). ② 기(旗)의 신호(信號). (號 이름 호)

`、 ニ テ 方 方 方 於 於 旂 旃 旃 旗 旗`

南

남녘 남	부수: 十(열십) 총 9획
南北 남북	남쪽과 북쪽. (北 북녘 북)
南海 남해	남쪽에 있는 바다. (海 바다 해)

`一 十 十 内 内 内 南 南 南`

男

사내 남	부수: 田(밭전) 총 7획
男子 남자	① 남성(男性)으로 태어난 사람. ② 사내다운 사내. (子 아들 자)
男女 남녀	남자(男子)와 여자(女子). (女 계집 녀, 여자 여)

`丨 冂 冂 日 田 男 男`

內	안내, 들일 납	부수: 入(들입) 총 4획
	內亂 내란	나라 안에서 정권(政權)을 차지하려고 싸움을 벌이는 난리(亂離)나 반란(叛亂). (亂 어지러울 란)
	內容品 내용품	속에 들어 있는 물품(物品). (容 얼굴 용, 品 상품 품)

ㅣ 冂 冂 內

內						

女	계집 녀 여자 여	부수: 女(계집녀) 총 3획
	女子 여자	여성(女性). (子 아들 자)
	子女 자녀	아들과 딸을 아울러 이르는 말. (子 아들 자)

ㄑ ㄥ 女

女						

年	해 년, 해 연	부수: 干(방패 간) 총 6획
	來年 내년	올해의 다음 해, 명년(明年). (來 올 래, 올 내)
	每年 매년	매해, 하나하나의 모든 해. (每 매양 매)

ノ ㅅ ㅌ ㅌ 生 年

年						

	농사 농	부수 : 辰(별진) 총 13획
農	農事 농사	논밭을 갈라 농작물(農作物)을 심어 가꾸고 거두어들이는 일. (事 일 사)
	農村 농촌	농토(農土)를 끼고 농사(農事)를 짓는 사람들이 사는 마을. (村 마을 촌)

丨 冂 曰 甲 曲 曲 曲 芦 芦 芦 農 農 農

農					

	많을 다	부수 : 夕(저녁석) 총 6획
多	多樣 다양	여러 가지 모양이나 양식. (樣 모양 양)
	多作 다작	① 작품 따위를 많이 지어냄. ② 농산물이나 물품을 많이 생산함. (作 지을 작)

丿 夕 夕 多 多 多

多					

	짧을 단	부수 : 矢 (화살시) 총12획
短	短命 단명	목숨이 짧음. (命 목숨 명)
	短縮 단축	시간이나 거리 따위가 짧게 줄어듦. 또는 그렇게 줄임. (縮 줄일 축)

丿 丿 丨 匕 矢 矢 矢 知 知 知 短 短

短					

答	대답할 답	부수 : 竹(대죽) 총 12획
	答信 답신	회답(回答)의 통신(通信)이나 서신(書信). (信 믿을 신)
	答案 답안	시험(試驗) 문제(問題)의 해답(解答), 또는 해답(解答)을 쓴 종이. (案 책상 안)

丿 ㅅ ㅅ ㅅ 竹 竹 ㅆ 灻 竺 筌 答 答

答						

堂	집 당	부수 : 土(흙토) 총 11획
	堂堂 당당	남 앞에서 내세울 만큼 떳떳한 모습이나 태도.
	堂直 당직	당집이나 서당(書堂) 따위를 맡아 지키는 사람. (直 곧을 직)

丨 丨 ⺌ ⺌ 屵 屵 屵 堂 堂 堂 堂

堂						

大	큰대, 클대	부수 : 大(큰대) 총 3획
	大學 대학	고등 교육을 베푸는 교육 기관으로 고등학교 졸업자 또는 이와 동등한 학력이 있다고 인정된 사람이 입학함. (學 배울 학)
	最大 최대	가장 큼. (最 최고 최)

一 ナ 大

大						

代	대신할 대	부수 : 亻(사람인변) 총 5획
	代入 대입	어떤 수식(數式)의 변수를 특정한 숫자(數字)나 문자(文字)로 치환하는 연산. (入 들 입)
	代役 대역	배우가 맡은 역할을 사정상 할 수 없을 때에 다른 사람이 그 역할을 대신 맡아 하는 일. 또는 그 사람. (役 부릴 역)

ノ 亻 亻 代 代

代

對	대할 대	부수 : 寸(마디촌) 총 14획
	對備 대비	앞으로 일어날지도 모르는 어떠한 일에 대응하기 위하여 미리 준비함. 또는 그런 준비. (備 갖출 비)
	對應 대응	① 어떤 일이나 사태에 맞추어 태도나 행동을 취함. ② 어떤 두 대상이 주어진 어떤 관계에 의하여 서로 짝이 되는 일. (應 응할 응)

丨 丨丨 丨丨丨 业 业 业 业 业 业 對 對

對

待	기다릴 대	부수 : 彳(두인변) 총 9획
	待遇 대우	① 어떤 사회적 관계나 태도로 대하는 일. ② 예의를 갖추어 대하는 일. (遇 만날 우)
	待避 대피	위험이나 피해를 입지 않도록 일시적으로 피함. (避 피할 피)

ノ ク 彳 彳 彳 彳 待 待 待

待

道	길 도	부수 : 辶(책받침) 총 13획
	道理 도리	① 사람이 마땅히 행(行)해야 할 바른 길. ② 사물(事物)의 정당(正當)한 이치(理致). (理 다스릴 리(이))
	道路 도로	사람이나 차가 다닐 수 있도록 만들어 놓은 비교적 넓은 길. (路 길 로)

丶丷䒑䒑产芦芦首首首道道

道

圖	그림 도	부수 : 囗(큰입구몸) 총 14획
	圖書 도서	그림, 글씨, 책 따위를 통틀어 이르는 말. (書 글 서)
	圖形 도형	① 그림의 모양이나 형태. ② 점, 선, 면, 체 또는 그것들의 집합을 통틀어 이르는 말. (形 모양 형)

丨冂冂冂冂冋冋周周周圖圖圖

圖

度	법도 도	부수 : 广(엄호) 총 9획
	度量 도량	① 사물을 너그럽게 용납하여 처리할 수 있는 넓은 마음과 깊은 생각. ② 재거나 되거나 하여 사물의 양을 헤아림. (量 헤아릴 량)
	度數 도수	① 거듭하는 횟수. ② 각도, 온도, 광도 따위의 크기를 나타내는 수. (數 셈 수)

丶一广广庐庐庐度度

度

讀

읽을 독		부수 : 言(말씀언) 총 22획
讀書 독서		책을 읽음. (書 글 서)
讀解 독해		글을 읽어서 뜻을 이해함. (解 풀 해)

丶 亠 言 言 言 言 言 訁 詰 誌 請 請 讀 讀 讀

讀

東

동녘 동		부수 : 木(나무목) 총 8획
東海 동해		한국(韓國) 동쪽의 바다. (海 바다 해)
東洋 동양		유라시아 대륙의 동부 지역. 아시아의 동부 및 남부를 이르는데 한국, 중국, 일본, 인도, 미얀마, 타이, 인도네시아 등이 있음. (洋 큰 바다 양)

一 厂 戸 百 亘 車 東 東

東

動

움직일 동		부수 : 力(힘력) 총 11획
動物 동물		사람을 제외한 길짐승, 날짐승, 물짐승 따위를 통틀어 이르는 말. (物 물건 물)
動作 동작		어떤 일을 하기 위(爲)해서 몸을 움직이는 일, 또는 그 움직임. (作 만들 작)

丶 亠 宀 台 台 台 重 重 重 動 動

動

洞	마을 동 밝을 통	부수: 氵(삼수변) 총 9획
	洞長 동장	① 한 동네의 우두머리. ② 동(洞)의 행정을 맡아 보는 으뜸 직위에 있는 사람. 또는 그 직위. (長 길 장)
	洞察 통찰	① 환히 내다봄. ② 꿰뚫어 봄. (察 살필 찰)

丶 丶 氵 氵 洞 洞 洞 洞

洞							

同	한가지 동	부수: 口(입구) 총 6획
	同伴 동반	① 데리고 함께 다님. ② 길을 같이 감. (伴 벗 반)
	同業 동업	① 같은 종류(種類)의 직업(職業)이나 영업(營業). ② 영업(營業)을 두 사람 이상(以上)이 공동(共同)으로 경영(經營)함. (業 업 업)

丨 冂 冂 同 同

同							

冬	겨울 동	부수: 冫(이수변) 총 5획
	冬眠 동면	일부(一部)의 동물(動物)이 겨울 동안 활동(活動)을 중지(中止)하고 땅 속이나 물속에서 잠을 자듯이 의식(意識)이 없는 상태(狀態)로 지내는 일. 겨울잠. (眠 잠잘 면)
	冬鳥 동조	겨울새. (鳥 새 조)

丿 ク 夂 冬 冬

冬							

童	아이 동	부수 : 立(설립) 총 12획
	童心 동심	어린아이의 마음. (心 마음 심)
	童話 동화	어린이를 위하여 동심(童心)을 바탕으로 지은 이야기. 또는 그런 문예 작품. (話 말씀 화, 이야기 화)

丶 一 立 立 产 音 音 音 音 童 童

童						

頭	머리 두	부수 : 頁(머리혈) 총 16획
	頭角 두각	① 짐승의 머리에 있는 뿔. ② 뛰어난 학식이나 재능을 비유적으로 이르는 말. (角 뿔 각)
	頭腦 두뇌	① 뇌. ② 사물을 판단하는 슬기. ③ 지식수준이 높은 사람을 비유적으로 이르는 말. (腦 뇌 뇌, 골 뇌)

一 匚 戸 戸 戸 豆 豆 豆 豇 頭 頭 頭 頭

頭						

登	오를 등	부수 : 癶(필발머리) 총 12획
	登板 등판	야구(野球)에서, 투수(投手)가 마운드에 서는 일, 투수(投手)로서 출장(出場)하는 일. (板 널빤지 판)
	登場 등장	소설(小說)·영화(映畵) 또는 무대(舞臺) 등에 나옴. 또는 무슨 일에 어떠한 사람이 나타나거나 새로운 제품(製品) 등이 세상(世上)에 처음으로 나옴. (場 마당 장)

丿 刁 ブ ズ 癶 癶 癶 癶 登 登 登 登

登						

等

무리 등

부수 : 竹(대죽) 총 12획

等分 등분	① 분량을 똑같이 나눔. 또는 그 분량. ② 똑같은 분량으로 나누어진 몫을 세는 단위. (分 나눌 분)
等數 등수	등급에 따라 정한 차례. (數 셈 수)

` ⺈ ⺊ ⺊ ⺮ ⺮ ⺮ 竺 笁 笃 等 等`

樂

즐길 락(낙)
풍류 악, 좋아할 요

부수 : 木(나무목) 총 15획

樂園 낙원	아무런 걱정이나 부족(不足)함이 없이 살 수 있는 즐거운 곳. (園 동산 원)
音樂 음악	박자, 가락, 음성 따위를 갖가지 형식으로 조화하고 결합하여, 목소리나 악기를 통하여 사상 또는 감정을 나타내는 예술. (音 소리 음)

` ′ ′ ⺆ ⺆ 白 伯 帛 帛' 絈 緿 緿 樂 樂 樂`

來

올 래(내)

부수 : 人(사람인) 총 8획

來日 내일	오늘의 바로 다음날. 명일(明日), 명천(明天), 이튿날. (日 날 일)
未來 미래	아직 오지 않은 때. (未 아닐 미)

` 一 ⺕ ⺕ 五 꼬 來 來 來`

力	힘 력(역)		부수: 力(힘력) 총 2획
	努力 노력		① 힘을 씀, 힘을 다함. ② 어떤 일을 이루기 위해 어려움이나 괴로움 등을 이겨 내면서 애쓰거나 힘쓰는 것. (努 노력할 노)
	體力 체력		① 몸의 힘. ② 몸의 작업(作業) 능력(能力). ③ 몸의 저항(抵抗) 능력(能力). (體 몸 체)

フ 力

力

例	법식 례(예)		부수: 亻(사람인변) 총 8획
	例外 예외		일반적 규칙이나 정례에서 벗어나는 일. (外 바깥 외)
	次例 차례		① 순서 있게 구분하여 벌여 나가는 관계. 또는 그 구분에 따라 각각에게 돌아오는 기회. ② 책이나 글 따위에서 벌여 적어 놓은 항목. (次 버금 차)

丿 亻 亻 仃 伢 伢 例 例

例

禮	예도 례(예)		부수: 示(보일시) 총 18획
	禮節 예절		예의에 관한 모든 절차나 질서. (節 마디 절)
	禮儀 예의		사람이 지켜야 할 예절(禮節)과 의리(義理). (儀 거동 의)

一 亍 示 亦 示 衤 衤 祀 神 袖 禮 禮 禮 禮 禮

禮

老	늙을 로(노)	부수 : 老(늙을로) 총 6획
	敬老 경로	노인(老人)을 공경(恭敬)함. (敬 공경 경)
	老人 노인	나이가 많은 사람. 늙은이, 늙은 분. (人 사람 인)

一 十 土 耂 耂 老

老						

路	길 로(노)	부수 : 足(발족변) 총 13획
	路線 노선	자동차 선로, 철도 선로 따위와 같이 일정한 두 지점을 정기적으로 오가는 교통선. (線 줄 선)
	大路 대로	① 큰길. ② 어떤 목적을 향하여 나아가는 활동의 큰 방향. (大 클 대)

丨 口 口 早 早 昆 昆 贮 趵 政 政 路 路

路						

綠	초록빛 록(녹)	부수 : 糸(실사) 총14획
	綠色 녹색	파랑과 노랑의 중간색(中間色), 곧 풀빛. (色 빛 색)
	草綠 초록	녹색(綠色)보다 조금 더 푸른색을 띤 색깔. 초록색. (草 풀 초)

' ＜ ㄠ 幺 幺 糸 糸 紒 紒 紆 紆 綠 綠 綠

綠						

六	여섯 류(육)		부수: 八(여덟팔) 총 4획
	六十 육십		예순. 열의 여섯 배가 되는 수(數). 또는 그런 수. (十 열 십)
	六角 육각		북, 장구, 해금(奚琴), 피리 및 태평소 한 쌍의 총칭(總稱). 또는 여섯 개의 직선에 싸인 평면. (角 뿔 각)

丶 亠 六 六

六						

里	마을 리		부수: 里(마을리) 총 7획
	里長 이장		시골 동리에서 공중(公衆)의 일을 맡아보는 사람. (長 긴 장)
	洞里 동리		① 마을. ② 지방(地方) 행정(行政) 구역(區域)인 동(洞)과 리(里)의 총칭(總稱). (洞 골 동)

丨 口 曰 日 旦 甲 里

里						

理	다스릴 리		부수: 王(구슬옥변) 총 11획
	理由 이유		① 어떠한 결론이나 결과에 이른 까닭이나 근거. ② 구실이나 변명. (由 말미암을 유)
	理解 이해		① 사리를 분별하여 해석함. ② 깨달아 앎. 또는 잘 알아서 받아들임. (解 풀 해)

一 二 f 王 玎 玾 理 珅 理 理 理

理						

利	이로울 리(이)	부수: 刂(선칼도방) 총 7획
	利益 이익	① 물질적으로나 정신적으로 보탬이 되는 것. ② 일정 기간의 총수입에서 그것을 위하여 들인 비용을 뺀 차액. (益 더할 익)
	利子 이자	남에게 돈을 빌려 쓴 대가로 치르는 일정한 비율의 돈. (子 아들 자)

丿 二 千 禾 禾 利 利

利						

李	오얏 리(이)	부수: 木(나무목) 총 7획
	李白 이백	당나라 시선(詩仙). 자는 태백. 호는 청련(靑蓮), 취선옹(醉仙翁). 두보(杜甫)와 더불어 시의 양대 산맥(山脈)을 이룸. (白 흰 백)
	桃李 도리	① 복숭아와 자두. 또는 그 꽃. ② 남이 천거한 어진 사람을 비유적으로 이르는 말. (桃 복숭아 도)

一 十 才 木 本 李 李

李						

林	수풀 림(임)	부수: 木(나무목) 총 8획
	林野 임야	나무가 무성(茂盛)한 들. (野 들 야)
	松林 송림	소나무 숲. (松 솔 송)

一 十 才 木 木 杧 材 林

林						

立	설 립(입)	부수 : 立(설립) 총 5획
	立春 입춘	대한과 우수(雨水) 사이에 있으며, 양력(陽曆) 2월 4일이나 5일이 됨. 이때부터 봄이 시작(始作)됨. (春 봄 춘)
	自立 자립	① 스스로의 힘으로 생계(生計)를 유지(維持)함. ② 얽매임이 없이 스스로의 지위(地位)에 섬. (自 스스로 자)

丶 亠 ㇒ 亣 立

立					

萬	일만 만	부수 : ⺿(초두머리) 총 13획
	千萬 천만	만의 천 배. (千 일천 천)
	萬物 만물	세상(世上)에 있는 모든 것. (物 만물 물)

一 十 艹 艹 艹 艼 苩 苩 萬 萬 萬 萬

萬					

每	매양 매	부수 : 毋(말무) 총 7획
	每事 매사	모든 일. (事 일 사)
	每日 매일	각각의 개별적인 나날. 일일(日日) (日 날 일)

丿 𠂉 亇 𣎳 每 每 每

每					

面	낯 면, 고을 면		부수 : 面(낯면) 총 9획
	面接 면접	① 얼굴을 마주 대함. ② 직접(直接) 만남. ③ '면접시험(試驗)'의 준말. (接 이을 접)	
	正面 정면	① 똑바로 마주 보이는 면. ② 에두르지 않고 직접(直接) 마주 대함. (正 바를 정)	

一 T 丆 丙 而 而 面 面 面

面					

名	이름 명		부수 : 口(입구) 총 6획
	名分 명분	명목(名目)이 구별(區別)된 대로 그 사이에 반드시 지켜야 할 도리(道理)나 분수(分數). (分 나눌 분)	
	名節 명절	해마다 일정하게 지키어 즐기거나 기념하는 때. 우리나라에는 설날, 대보름날, 단오, 추석, 동짓날 등이 있음. (節 마디 절)	

丿 夕 夕 夕 名 名

名					

命	목숨 명		부수 : 口(입구) 총 8획
	命令 명령	윗사람이 아랫사람에게 무엇을 하도록 시킴. (令 하여금 령(영))	
	生命 생명	① 목숨. ② 사물(事物)의 존립(存立)에 관계(關係)되는 중요(重要)한 것. (生 날 생)	

丿 人 人 亽 合 合 命 命

命					

明	밝을 명	부수: 日(날일) 총 8획
	明暗 명암	① 밝음과 어두움. ② 기쁜 일과 슬픈 일 또는 행복과 불행을 통틀어 이르는 말. ③ 색의 농담이나 밝기의 정도. (暗 어두울 암)
	明快 명쾌	① 말이나 글 따위의 내용이 명백하여 시원함. ② 명랑하고 쾌활함. (快 쾌할 쾌)

丨 冂 冃 日 日 明 明 明

明						

母	어미 모	부수: 母(말무) 총 5획
	父母 부모	어버이, 아버지와 어머니. (父 아비 부)
	祖母 조모	할머니. (祖 조상 조)

乚 乊 母 母 母

母						

木	나무 목	부수: 木(나무목) 총 4획
	木工 목공	목수(木手). 나무를 다루어서 물건(物件)을 만들어 내는 일. (工 장인 공)
	草木 초목	풀과 나무. (草 풀 초)

一 十 才 木

木						

	눈 목	부수 : 目(눈목) 총 5획
目	目錄 목록	어떤 물품의 이름이나 책 제목 따위를 일정한 순서로 적은 것. (錄 기록할 록)
	目標 목표	어떤 목적을 이루려고 지향하는 실제적 대상으로 삼음. 또는 그 대상. (標 표할 표)

丨 冂 冂 冃 目

目						

	문 문	부수 : 門(문문) 총 8획
門	窓門 창문	공기(空氣)나 빛이 들어올 수 있도록 벽에 만들어 놓은 작은 문(門). (窓 창 창)
	大門 대문	큰 문. 주로, 한 집의 주가 되는 출입문을 말함. (大 클 대, 큰 대)

丨 冂 冂 冃 門 門 門 門

門						

	글월 문 무늬 문	부수 : 文(글월문) 총 4획
文	文書 문서	글이나 기호 따위로 일정한 의사나 관념 또는 사상을 나타낸 것. (書 글 서)
	文字 문자	인간의 의사소통을 위한 시각적인 기호 체계. 한자 따위의 표의 문자와 로마자, 한글 따위의 표음 문자로 대별됨. (字 글자 자)

丶 亠 ナ 文

文						

問

물을 문

부수: 口(입구) 총 11획

問安 문안	웃어른에게 안부(安否)를 여쭘. (安 편안 안)
問答 문답	물음과 대답(對答). (答 대답할 답)

丨 冂 冂 冂 冂 門 門 門 門 問 問

聞

들을 문

부수: 耳(귀이) 총 14획

所聞 소문	사람들 입에 오르내려 전하여 들리는 말. (所 바 소)
新聞 신문	① 새로운 소식이나 견문. ② 새로운 소식(消息)이나 비판을 신속하게 보도(報道)하는 정기간행물. (新 새 신)

丨 冂 冂 冂 冂 門 門 門 門 門 閆 聞 聞 聞

物

물건 물
만물 물

부수: 牛(소우) 총 8획

物件 물건	사람이 필요(必要)에 따라 만들어 내거나 가공(加工)하여 어떤 목적(目的)으로 이용(利用)하는 들고 다닐 만한 크기의 일정(一定)한 형태(形態)를 가진 대상(對象). 물품(物品). (件 물건 건)
植物 식물	온갖 나무와 풀의 총칭(總稱). 반대어로 動物(동물). (植 심을 식)

丿 ノ 牛 牛 牛 牤 物 物

米	쌀 미	부수 : 米(쌀미) 총 6획
	白米 백미	흰쌀. (白 흰 백)
	玄米 현미	벼의 겉껍질만 벗겨 낸 쌀. (玄 검을 현)

丶 丷 䒑 半 米 米

米					

美	아름다울 미	부수 : 羊(양양) 총 9획
	美德 미덕	아름답고 갸륵한 덕행. (德 큰 덕)
	美人 미인	①아름다운 사람. ②재덕(才德)이 뛰어난 사람. (人 사람 인)

丶 丷 䒑 䒑 乊 羊 䒑 美 美

美					

民	백성 민	부수 : 氏(각시씨) 총 5획
	民心 민심	백성(百姓)의 마음. (心 마음 심)
	住民 주민	그 땅에 사는 백성(百姓). (住 주거 주)

𠃍 ㇉ 尸 厇 民

民					

朴	성씨 박		부수 : 木(나무목) 총 6획
	儉朴 검박	검소하고 소박함. (儉 검소할 검)	
	素朴 소박	꾸밈이나 거짓이 없고 수수함. (素 본디 소)	

一 十 才 木 朴 朴

朴					

反	돌이킬 반		부수 : 又(또우) 총 4획
	反省 반성	자신의 언행에 대하여 잘못이나 부족함이 없는지 돌이켜 봄. (省 살필 성)	
	贊反 찬반	찬성과 반대를 아울러 이르는 말. (贊 도울 찬)	

一 厂 厅 反

反					

半	반 반		부수 : 十(열십) 총 5획
	半年 반년	한 해의 반. (年 해 년)	
	折半 절반	① 하나를 반으로 가름. 또는 그렇게 가른 반. ② 유도에서 내리는 판정의 하나. (折 꺾을 절)	

丶 丷 亠 半 半

半					

	나눌 **반**	부수 : 王(구슬옥변) 총 10획
班	班白 반백	흰색과 검은색이 반반 정도인 머리털. (白 흰 백)
	班長 반장	어떤 일을 함께 하는 소규모 조직체인 반(班)을 대표하여 일을 맡아보는 사람. (長 길 장)

一 二 丆 王 王 刲 珏 珏 班 班

班					

	필 **발**	부수 : 癶(필발머리) 총 12획
發	發見 발견	미처 찾아내지 못하였거나 아직 알려지지 아니한 사물이나 현상, 사실 따위를 찾아냄. (見 볼 견)
	發生 발생	어떤 일이나 사물이 생겨남. (生 날 생)

丿 ᄀ ᄀ´ 癶 癶 癶 發 發 發 發 發

發					

	모 **방** 본뜰 **방**	부수 : 方(모방) 총 4획
方	方法 방법	① 일이나 연구(研究) 등을 해 나가는 길이나 수단(手段). ② 일정(一定)한 목적(目的)을 이루기 위하여 취하는 솜씨. (法 법 법)
	四方 사방	방위(方位). 곧 동(東), 서(西), 남(南), 북(北)의 총칭(總稱). (四 넉 사)

丶 一 亍 方

方					

放	놓을 방	부수 : 攵(등글월문) 총 8획
	放學 방학	일정 기간 동안 수업을 쉬는 일. 또는 그 기간. (學 배울 학)
	開放 개방	문이나 어떠한 공간 따위를 열어 자유롭게 드나들고 이용하게 함. (開 열 개)

丶 亠 亠 方 方 扩 扩 放

放					

白	흰 백	부수 : 白(흰백) 총 5획
	明白 명백	의심(疑心)할 것 없이 아주 뚜렷하고 환함. (明 밝을 명)
	告白 고백	숨긴 일이나 생각한 바를 사실(事實)대로 솔직(率直)하게 말함. (告 알릴 고)

丿 亻 白 白 白

白					

百	일백 백	부수 : 白(흰백) 총 6획
	百勝 백승	언제든지 이김. (勝 이길 승)
	百態 백태	온갖 자태(姿態). (態 모습 태)

一 ア ア 百 百 百

百					

番	차례 **번**	부수: 田(밭전) 총 12획
	番號 번호	차례를 나타내거나 식별하기 위해 붙이는 숫자. (號 이름 호)
	當番 당번	어떤 일을 책임지고 돌보는 차례가 됨. 또는 그 차례가 된 사람. (當 마땅 당)

丿 ㇀ ㇒ 二 平 采 采 采 番 番 番 番

番						

別	나눌 **별**	부수: 刂(선칼도방) 총 7획
	別個 별개	관련성이 없이 서로 다름. (個 낱 개)
	差別 차별	둘 이상의 대상을 각각 등급이나 수준 따위의 차이를 두어서 구별함. (差 다를 차)

丨 ㇀ 口 另 另 別 別

別						

病	병 **병**	부수: 疒(병질엄) 총 10획
	病名 병명	병의 이름. (名 이름 명)
	病院 병원	병자(病者)를 진찰, 치료하는 데에 필요한 설비를 갖추어 놓은 곳. (院 집 원)

丶 一 广 广 疒 疒 疒 病 病 病

病						

服	옷 복	부수: 月(달월) 총8획
	服務 복무	어떤 직무나 임무에 힘씀. (務 힘쓸 무)
	克服 극복	① 악조건이나 고생 따위를 이겨 냄. ② 적을 이기어 굴복시킴. (克 이길 극)

ノ 几 月 月 月 胩 服 服

服						

本	근본 본	부수: 木(나무목) 총5획
	本質 본질	① 본디부터 가지고 있는 사물 자체의 성질이나 모습. ② 사물이나 현상을 성립시키는 근본적인 성질. (質 바탕 질)
	基本 기본	사물이나 현상, 이론, 시설 따위의 기초와 근본. (基 터 기)

一 十 才 木 本

本						

父	아비 부	부수: 父(아비부) 총4획
	父性 부성	아버지로서 가지는 정신적·육체적 성질. 또는 그런 본능. (性 성품 성)
	父子 부자	아버지와 아들. (子 아들 자)

ノ ハ グ 父

父						

夫	지아비 부		부수 : 大(큰대) 총 4획
	夫婦 부부	남편(男便)과 아내. (婦 아내 부)	
	工夫 공부	학문(學問)이나 기술(技術)을 닦는 일. (工 장인 공)	

一 二 才 夫

夫						

部	거느릴 부		부수 : 阝(우부방) 총 11획
	部分 부분	전체를 이루는 작은 범위. 또는 전체를 몇 개로 나눈 것의 하나. (分 나눌 분)	
	部品 부품	기계 따위의 어떤 부분에 쓰는 물품. (品 물건 품)	

丶 一 亠 立 产 咅 咅 咅 咅' 咅阝 部

部						

北	북녘 북 달아날 배		부수 : 匕(비수비) 총 5획
	北方 북방	북쪽 지방(地方). (方 모 방)	
	敗北 패배	싸움에 져서 도망(逃亡)함. (敗 패할 패)	

丨 ㅏ ㅓ ㅗ 北

北						

分	나눌 분 푼 푼	부수: 刀(칼도) 총 4획
	分明 분명	틀림없이 확실하게. (明 밝을 명)
	分析 분석	① 얽혀 있거나 복잡한 것을 풀어서 개별적인 요소나 성질로 나눔. ② 개념이나 문장을 보다 단순한 개념이나 문장으로 나누어 그 의미를 명료하게 함. (析 쪼갤 석)

丿 八 分 分

分							

不	아니 불 아닐 부	부수: 一(한일) 총 4획
	不幸 불행	① 행복(幸福)하지 못함. ② 일이 순조(順調)롭지 못하고 탈이 많음. (幸 행복 행)
	不足 부족	① 필요(必要)한 양이나 한계(限界)에 미치지 못하고 모자람. 넉넉하지 못함. ② 만족(滿足)하지 않음. 마음에 차지 않음. (足 발 족)

一 丆 不 不

不							

四	넉 사	부수: 口(큰입구몸) 총 5획
	四寸 사촌	아버지의 친형제자매의 아들이나 딸과의 촌수. (寸 마디 촌)
	四書 사서	중국(中國)의 고전(古典) 중 『논어(論語)』, 『맹자(孟子)』, 『중용(中庸)』, 『대학(大學)』을 이르는 말. (書 글 서)

丨 冂 冂 四 四

四							

	일 사	부수: 亅(갈고리궐) 총 8획
事	事典 사전	여러 가지 사항(事項)을 모아 일정한 순서로 배열하고 그 각각에 해설(解說)을 붙인 책(册). (典 법 전)
	事後 사후	일이 끝난 뒤나 일을 끝낸 뒤. (後 뒤 후)

一 亅 亓 百 亘 写 写 事

事					

	모일 사	부수: 示(보일시) 총 8획
社	社會 사회	① 같은 무리끼리 모여 이루는 집단. ② 공동생활을 영위하는 모든 형태의 인간 집단. (會 모일 회)
	社長 사장	회사의 책임자. 회사 업무의 최고 집행자로서 회사 대표의 권한을 지님. (長 길 장)

一 二 亍 亓 示 示 社 社

社					

	하여금 사	부수: 亻(사람인변) 총 8획
使	使用 사용	일정한 목적이나 기능에 맞게 씀. (用 쓸 용)
	使臣 사신	임금이나 국가의 명령을 받고 외국에 사절로 가는 신하. (臣 신하 신)

丿 亻 亻 仁 仨 伊 使 使

使					

死

죽을 사

부수 : 歹(죽을사변) 총 6획

死守 사수	죽음을 무릅쓰고 지킴. (守 지킬 수)
死活 사활	죽기와 살기라는 뜻으로, 어떤 중대한 문제를 비유적으로 이르는 말. (活 살 활)

一 ア ア 歹 死 死

山

메 산

부수 : 山(뫼산) 총 3획

山羊 산양	솟과의 포유류로 천연기념물 제217호이며, 식물의 잎과 연한 줄기를 먹고 바위 구멍에 보금자리를 만듦. (羊 양 양)
山中 산중	산의 가운데, 또는 높은 산이 있거나 산이 많은 곳. (中 가운데 중)

丨 山 山

算

셀 산, 셈 산

부수 : 竹(대죽) 총 14획

算定 산정	셈하여 정(定)함. (定 정할 정)
算出 산출	어떤 수치(數値)를 계산(計算)하여 냄. (出 날 출)

丿 ㅏ ㅏ ㅆ ㅆ 竹 竹 筲 筲 筲 算 算

	석 삼	부수 : 一(한일) 총 3획
三	三國 삼국	세 나라, 우리나라의 신라(新羅), 백제(百濟), 고구려(高句麗)를 말함. (國 나라 국)
	三足烏 삼족오	중국(中國) 고대(古代) 신화(神話)에 나오는 해 속에서 산다는 세 발 가진 까마귀. (足 발 족, 烏 까마귀 오)

一 二 三

三						

	위 상	부수 : 一(한일) 총 3획
上	上京 상경	시골에서 서울로 올라옴. (京 서울 경)
	上告 상고	① 윗사람에게 알림. ② 민사소송법(民事訴訟法)상으로는 종국(終局) 판결(判決)에 대한 법률심(法律審)에의 상소(上訴). (告 알릴 고)

丨 卜 上

上						

	빛 색	부수 : 色(빛색) 총 6획
色	色感 색감	빛깔에서 받는 느낌, 또는 색채(色彩)의 감각(感覺). (感 느낄 감)
	色素 색소	물체(物體)의 색의 본질(本質), 또는 물체(物體)에 빛깔을 나타내게 하는 염료(染料) 등의 성분(成分). (素 본디 소)

丿 ⺈ 夕 ⺈ 多 色

色						

生	날 생 태어날 생	부수 : 生(날생) 총 5획
	先生 선생	학생(學生)을 가르치는 사람. (先 먼저 선)
	學生 학생	배우는 사람, 학교(學校)에 다니면서 공부(工夫)하는 사람. (學 배울 학)

丿 ╱ 厂 牛 生

生					

西	서녘 서	부수 : 襾(덮을아) 총 6획
	西北 서북	서쪽과 북쪽. (北 북녘 북)
	西海 서해	서쪽에 있는 바다. (海 바다 해)

一 丆 丙 丙 西 西

西					

書	글 서	부수 : 曰(가로왈) 총 10획
	書類 서류	글자로 기록한 문서를 통틀어 이르는 말. (類 무리 류)
	書信 서신	편지. (信 믿을 신)

フ コ ヨ ヨ 圭 聿 圭 書 書 書

書					

夕	저녁 석	부수: 夕(저녁석) 총 3획
	秋夕 추석	우리나라 명절(名節)의 하나, 음력(陰曆) 8월 보름. 중추절(中秋節), 한가위. (秋 가을 추)
	夕刊 석간	저녁에 발행(發行)된 신문(新聞). (刊 새길 간)

丿 ク 夕

夕						

石	돌 석	부수: 石(돌석) 총 5획
	石手 석수	돌을 다루어 물건을 만드는 사람. (手 손 수)
	石塔 석탑	석재를 이용하여 쌓은 탑. (塔 탑 탑)

一 ア イ 石 石

石						

席	자리 석	부수: 巾(수건건) 총 10획
	客席 객석	극장 따위에서 손님이 앉는 자리. (客 손 객)
	出席 출석	어떤 자리에 나아가 참석함. (出 날 출)

丶 一 广 广 庐 庐 庐 庐 席 席

席	席	席				

	먼저 선	부수 : 儿(어진사람인발) 총 6획
先	先祖 선조	할아버지 이상의 조상(祖上). (祖 조상 조)
	先親 선친	자기(自己)의 돌아가신 아버지를 남에게 일컫는 말. (親 친할 친)

丿 ⺅ 屮 生 ⺅ 先

先

	줄 선	부수 : 糸(실사) 총 15획
線	線分 선분	직선 위에서 그 위의 두 점에 한정된 부분. (分 나눌 분)
	視線 시선	①눈이 가는 길. 또는 눈의 방향. ②주의 또는 관심을 비유적으로 이르는 말. (視 볼 시)

⺀ ⺁ 幺 ⺓ 糸 糸 糹 糿 紡 紡 紡 綛 綛 線

線

	눈 설	부수 : 雨(비우) 총 11획
雪	雪景 설경	눈이 내리거나 눈이 쌓인 경치. (景 볕 경)
	雪山 설산	눈이 쌓인 산. (山 메 산)

一 厂 戸 币 雨 雫 雫 雪 雪

雪

姓	성 성	부수: 女(계집녀) 총 8획
	姓名 성명	성과 이름. (名 이름 명)
	百姓 백성	나라의 근본을 이루는 일반(一般) 국민(國民). (百 일백 백)

ㄑ ㄥ 女 女 女 妒 妒 姓 姓						

姓						

成	이룰 성	부수: 戈(창과) 총 7획
	成功 성공	목적하는 바를 이룸. (功 공 공)
	成長 성장	①사람이나 동식물 따위가 자라서 점점 커짐. ②사물의 규모나 세력 따위가 점점 커짐. (長 길 장)

ノ 厂 厃 成 成 成						

成						

省	살필 성, 덜 생	부수: 目(눈목) 총 9획
	省察 성찰	자기의 마음을 반성하고 살핌. (察 살필 찰)
	省略 생략	전체에서 일부를 줄이거나 뺌. (略 간략할 략)

ノ 亅 小 少 少 省 省 省						

省						

世

인간 세 대 세	부수: 一(한일) 총5획
世上 세상	①사람이 살고 있는 모든 사회(社會)를 통틀어 이르는 말. ②한 사람이 태어나서 죽을 때까지의 동안. (上 위 상)
世子 세자	왕의 자리를 이을 왕자(王子). 왕세자(王世子). (子 아들 자)

一 十 卄 廿 世

小

작을 소	부수: 小(작을소) 총3획
小人 소인	나이 어린 사람, 또는 몸집이 몹시 작은 사람. (人 사람 인)
小說 소설	작가의 상상력에 바탕을 두고 허구적으로 이야기를 꾸며 나가거나 사실을 각색한 산문체의 문학 양식. (說 말씀 설)

亅 小 小

少

적을 소	부수: 小(작을소) 총4획
少女 소녀	완전(完全)히 성숙(成熟)하지 않고 아주 어리지도 않은 여자(女子) 아이. (女 계집 녀)
少年 소년	완전(完全)히 성숙(成熟)하지 않고 아주 어리지도 않은 사내 아이. (年 해 년)

亅 小 小 少

	바 **소**	부수 : 戶(지게호) 총 8획
所	所感 소감	특별(特別)한 일, 특히 기쁜 일이나 뜻깊은 일을 겪고 난 뒤 마음에 느낀 바 또는, 느낀 바의 생각. (感 느낄 감)
	所出 소출	일정(一定)한 논밭에서 나는 곡식(穀食), 또는 그 곡식의 양(量). (出 날 출)

丶 亅 亣 户 戶 所 所 所

所					

	사라질 **소**	부수 : 氵(삼수변) 총 10획
消	消滅 소멸	사라져 없어짐. (滅 꺼질 멸)
	消費 소비	① 돈이나 물자, 시간, 노력 따위를 들이거나 써서 없앰. ② 욕망을 충족하기 위하여 재화나 용역을 소모하는 일. (費 쓸 비)

丶 丶 氵 氵 氵 浐 消 消 消 消

消					

	빠를 **속**	부수 : 辶(책받침) 총 11획
速	速度 속도	물체가 나아가거나 일이 진행되는 빠르기. (度 법도 도)
	速成 속성	빨리 이루어짐. 또는 빨리 깨침. (成 이룰 성)

一 丆 亓 豆 束 束 涑 速

速					

孫	손자 손	부수 : 子(아들자) 총 10획
	孫子 손자	아들의 아들. 또는 딸의 아들. (子 아들 자)
	孫女 손녀	아들의 딸. 또는 딸의 딸. (女 여자 녀)

`丁 了 子 孑 孑 孫 孫 孫 孫 孫`

孫					

水	물 수	부수 : 水(물수) 총 4획
	雨水 우수	빗물, 24절기(節氣)의 하나로 날씨가 많이 풀려 초목이 싹트는 시기(時期). (雨 비 우)
	山水 산수	산과 물, 곧 '자연(自然)의 산천(山川)'을 일컫는 말. (山 메 산)

`亅 刁 氵 水`

水					

手	손 수	부수 : 手(손수) 총 4획
	手動 수동	손으로 움직임. (動 움직일 동)
	手才 수재	학문(學問), 지능(知能)이 뛰어난 사람. (才 재주 재)

`一 二 三 手`

手					

數	셈 수	부수: 攵(등글월문) 총 15획
	數量 수량	수효(數爻)와 분량(分量). (量 헤아릴 량)
	數學 수학	수(數), 양(量) 및 공간(空間)의 도형(圖形)에 있어서의 여러 관계(關係)에 관(關)하여 연구(研究)하는 학문(學問). 산수(算數). (學 배울 학)

丶 口 日 日 日 旦 吕 中 曺 婁 婁 婁 數 數 數

數

樹	나무 수	부수: 木(나무목) 총 16획
	樹木 수목	①살아 있는 나무. ②목본 식물을 통틀어 이르는 말. (木 나무 목)
	樹林 수림	나무숲. (林 수풀 림)

一 十 オ 木 木 札 杧 杧 桔 桔 桔 樹 樹 樹 樹

樹

術	재주 술	부수: 行(다닐행) 총 11획
	術策 술책	어떤 일을 꾸미는 꾀나 방법. (策 꾀 책)
	話術 화술	말을 잘하는 슬기와 능력. 말재주. (話 말씀 화)

丶 ノ 彳 千 升 彷 袮 術 術 術 術

術

63

習

익힐 습	부수 : 羽(깃우) 총 11획
習慣 습관	어떤 행위를 오랫동안 되풀이하는 과정에서 저절로 익혀진 행동 방식. (慣 익숙할 관)
習得 습득	학문이나 기술 따위를 배워서 자기 것으로 함. (得 얻을 득)

コ ヨ ヨ ヨ′ ヨヨ ヨヨ 習 習 習 習

習

勝

이길 승	부수 : 力(힘력) 총 12획
勝利 승리	겨루어서 이김. (利 이로울 리)
勝者 승자	싸움이나 경기 따위에서 이긴 사람. 또는 그런 단체. (者 놈 자)

丿 刀 月 月 月′ 月″ 肝 胖 胖 朕 勝 勝

勝

市

저자 시 도시 시	부수 : 巾(수건건) 총 5획
市場 시장	도회지(都會地)에서 날마다 서는 물건(物件)을 사고파는 곳. 일용품(日用品), 식료품(食料品) 따위를 한곳에 모아 파는 곳. (場 마당 장)
市廳 시청	시(市)의 행정(行政) 사무(事務)를 맡아보는 기관, 또는 그 청사(廳舍). (廳 관청 청)

丶 一 亠 宁 市

市

時	때 시	부수: 日(날일) 총 10획
	時空 시공	시간(時間)과 공간(空間). (空 빌 공)
	時論 시론	한 시대(時代)의 여론(輿論). 그때그때 일어나는 시사(時事)에 대(對)한 평론(評論)이나 의논(議論). (論 논할 론)

丨 冂 冃 日 日́ 旪 旪 旹 時 時

時								

始	비로소 시	부수: 女(계집녀) 총 8획
	始作 시작	어떤 일이나 행동의 처음 단계를 이루거나 그렇게 하게 함. 또는 그 단계. (作 지을 작)
	始祖 시조	① 한 겨레나 가계의 맨 처음이 되는 조상. ② 어떤 학문이나 기술 따위를 처음으로 연 사람. (祖 조상 조, 할아버지 조)

ㄥ ㄥ 女 女́ 女̇ 妒 始 始

始								

食	밥 식 먹이 사	부수: 食(밥식) 총 9획
	食口 식구	한 집안에서 같이 살면서 끼니를 함께 먹는 사람. (口 입 구)
	食堂 식당	음식(飮食)만을 먹는 방(房), 또는 간단(簡單)한 음식(飮食)을 파는 집. (堂 집 당)

丿 人 人 今 今 今 食 食 食

食								

植

심을 **식**	부수: 木(나무목) 총 12획
植木 식목	나무를 심음. (木 나무 목)
植木日 식목일	나무를 아껴 가꾸고 많이 심기를 권장(勸獎)할 목적(目的)으로 제정(制定)된 날. (木 나무 목, 日 날 일)

一 十 才 才 木 杧 杧 柎 柏 柏 植 植

式

법 **식**	부수: 弋(주살익) 총 6획
式前 식전	식을 거행하기 전. (前 앞 전)
公式 공식	① 국가적이나 사회적으로 인정된 공적인 방식. ② 계산의 법칙 따위를 문자와 기호로 나타낸 식. (公 공평할 공)

一 二 亍 式 式 式

信

믿을 **신**	부수: 亻(사람인변) 총 9획
信賴 신뢰	굳게 믿고 의지함. (賴 의뢰할 뢰)
信用 신용	① 사람이나 사물이 틀림없다고 믿어 의심하지 아니함. 또는 믿음성의 정도. ② 거래한 재화의 대가를 앞으로 치를 수 있음을 보이는 능력. (用 쓸 용)

丿 亻 亻 仁 仨 仨 信 信 信

	몸 신	부수: 身(몸신) 총 7획
身	身分 신분	① 개인의 사회적인 위치나 계급. ② 부모·자녀·가족·배우자 따위와 같이 신분 관계의 구성원으로 갖는 법률적 지위. (分 나눌 분)
	身體 신체	사람의 몸. (體 몸 체)

´ ㅣ ㄲ ㄲ 自 身 身

身					

	새 신	부수: 斤(날근) 총 13획
新	新規 신규	① 새로운 규칙이나 규정. ② 새로이 하는 일. (規 법 규)
	新設 신설	새로 설치하거나 설비함. (設 베풀 설)

丶 ㅗ ㅛ 立 辛 辛 亲 亲´ 新 新 新

新					

	귀신 신	부수: 示(보일시) 총 10획
神	神明 신명	신령스럽고 이치에 밝음. (明 밝을 명)
	神話 신화	① 고대인의 사유나 표상이 반영된 신성한 이야기. ② 절대적이고 획기적인 업적을 비유적으로 이르는 말. (話 말씀 화)

一 二 丁 亍 示 示 衤 和 和 神

神					

室

室	집 실, 방 실		부수: 宀(갓머리) 총 9획
	室内 실내	방안. (內 안 내)	
	教室 교실	유치원, 초등학교, 중·고등학교에서 학습 활동이 이루어지는 방. (教 가르칠 교)	

`丶 丶 宀 宀 宂 宊 窏 室 室`

室							

失

失	잃을 실		부수: 大(큰대) 총 5획
	失手 실수	조심하지 아니하여 잘못함. 또는 그런 행위. (手 손 수)	
	失敗 실패	일을 잘못하여 뜻한 대로 되지 아니하거나 그르침. (敗 패할 패)	

`丿 丶 二 牛 失`

失							

心

心	마음 심		부수: 心(마음심) 총 4획
	心志 심지	마음에 품은 뜻. (志 뜻 지)	
	心身 심신	마음과 몸을 아울러 이르는 말. (身 몸 신)	

`丶 心 心 心`

心							

十	열 십	부수: 十(열십) 총 2획
	十分 십분	아주 충분히. (分 나눌 분)
	十萬 십만	만의 열 배 되는 수. (萬 일만 만)

一 十

十

安	편안할 안	부수: 宀(갓머리) 총 6획
	安定 안정	일이나 마음이 평안(平安)하게 정(定)하여짐. 흔들리지 않고 안전(安全)하게 자리가 잡힘. (定 정할 정)
	安寧 안녕	걱정이나 탈이 없음. 또는 몸이 건강(健康)하고 마음이 편안(便安)함. (寧 안녕 녕)

丶 丷 宀 宀 安 安

安

愛	사랑 애	부수: 心(마음심) 총 13획
	愛國 애국	자기 나라를 사랑함. (國 나라 국)
	愛族 애족	자기 겨레를 사랑함. (族 겨레 족)

丶 丷 爫 爫 冖 冖 㤅 㤅 㤅 愛 愛 愛 愛

愛

野	들 야	부수 : 里 (마을리) 총 11획
	野山 야산	들 가까이의 나지막한 산. (山 메 산)
	野生 야생	산이나 들에서 저절로 나서 자람. 또는 그런 생물. (生 날 생)

ㅣ 口 日 日 旦 甲 里 野 野 野 野

野							

夜	밤 야	부수 : 夕(저녁석) 총 8획
	夜間 야간	해가 진 뒤부터 먼동이 트기 전까지의 동안. 밤. (間 사이 간)
	夜光 야광	① 어둠 속에서 빛을 냄. 또는 그런 물건. ② '달'을 달리 이르는 말. (光 빛 광)

丶 亠 广 疒 疒 夜 夜 夜

夜							

弱	약할 약	부수 : 弓(활궁) 총 10획
	弱小 약소	약하고 작음. (小 작을 소)
	弱者 약자	힘이나 세력이 약한 사람이나 생물. 또는 그런 집단. (者 놈 자)

⁀ ⁀ 弓 弓 弓 弓 弱 弱 弱

弱							

藥

약 약	부수 : ++(초두머리) 총 19획
藥物 약물	약의 재료가 되는 물질. (物 물건 물)
藥用 약용	약으로 씀. (用 쓸 용)

一 艹 艹 艹 艹 艹 苩 苩 莒 茁 荫 菡 蕤 藥 藥 藥 藥 藥 藥

藥

洋

큰 바다 양	부수 : 氵(삼수변) 총 9획
東洋 동양	유라시아 대륙의 동부 지역. 아시아의 동부 및 남부를 이르는데 한국, 중국, 일본, 인도, 미얀마, 타이, 인도네시아 등. (東 동녘 동)
西洋 서양	유럽과 남북아메리카의 여러 나라를 통틀어 이르는 말. (西 서녘 서)

丶 丶 氵 氵 氵 汁 泮 洋 洋

洋

陽

볕 양	부수 : 阝(좌부변) 총 12획
陽地 양지	① 볕이 바로 드는 곳. ② 혜택을 받는 입장을 비유적으로 이르는 말. (地 땅 지)
夕陽 석양	저녁때의 햇빛. 또는 저녁때의 저무는 해. (夕 저녁 석)

丶 㠯 阝 阝 阝 阝 阳 阳 阳 陽 陽 陽

陽

	말씀 **어**	부수: 言(말씀언) 총 14획
語	語學 어학	언어(言語)에 대해 연구(硏究)하는 학문(學問). (學 배울 학)
	語錄 어록	훌륭한 학자(學者)나 지도자(指導者)들이 한 말을 간추려 모은 기록(記錄). (錄 적을 록)

`丶 亠 亖 言 言 言 言 訂 訝 語 語 語 語 語`

語

	말씀 **언**	부수: 言(말씀언) 총 7획
言	言語 언어	생각, 느낌 따위를 나타내거나 전달하는 데에 쓰는 음성, 문자 따위의 수단. 또는 그 음성이나 문자 따위의 사회 관습적인 체계. (語 말씀 어)
	言行 언행	말과 행동을 아울러 이르는 말. (行 다닐 행)

`丶 亠 亖 言 言 言 言`

言

	업 **업**	부수: 木(나무목) 총 13획
業	業主 업주	영업(營業)에 관한 모든 책임(責任)과 권한(權限)을 가지는 주인(主人). 영업주. (主 임금 주)
	業體 업체	사업이나 기업의 주체. (體 몸 체)

`丨 丨 丷 业 业 业 业 丵 業 業 業`

業

然	그럴 연 불탈 연		부수 : 灬(연화발) 총 12획
	然則 연즉	그런즉, 그러면. (則 곧 즉, 법칙 칙)	
	然後 연후	그러한 뒤. (後 뒤 후)	

丿 ク タ タ タ⁻ 夕⁻ 外 狄 狀 狀 然 然 然

然						

英	꽃부리 영 뛰어날 영		부수 : ⺿(초두머리) 총 9획
	英國 영국	유럽 서부 대서양 가운데 있는 입헌 군주국. 수도는 런던. (國 나라 국)	
	英語 영어	인도·유럽 어족 게르만 어파의 서게르만 어군에 속한 언어. 미국, 영국, 캐나다 등을 비롯하여 세계 여러 나라에서 사용하는 국제어 구실을 함. (語 말씀 어)	

一 十 艹 艹 芢 苎 苂 英 英

英						

永	길 영		부수 : 水(물수) 총 5획
	永生 영생	영원한 생명. 또는 영원히 삶. (生 날 생)	
	永住 영주	한곳에 오래 삶. (住 살 주)	

丶 亍 亓 永 永

永						

五	다섯 오	부수: 二(두이) 총 4획
	五倫 오륜	사람이 지켜야 할 다섯 가지의 떳떳한 도리(道理). (倫 인륜 륜)
	五月 오월	한 해 가운데 다섯째 달. (月 달 월)

一 丁 五 五

五						

午	낮 오 일곱째 지지 오	부수: 十(열십) 총 4획
	午前 오전	자정으로부터 낮 열두 시까지의 동안. (前 앞 전)
	午睡 오수	낮잠. 낮에 자는 잠. (睡 졸음 수)

丿 ㅗ ㄷ 午

午						

溫	따뜻할 온	부수: 氵(삼수변) 총 13획
	溫度 온도	따뜻함과 차가움의 정도. 또는 그것을 나타내는 수치. (度 법도 도)
	溫水 온수	더운물. (水 물 수)

丶 丶 氵 氵 氵 沪 沪 泗 泅 淐 溫 溫 溫

溫						

王	임금 왕	부수: 王(구슬옥변) 총 4획
	王道 왕도	임금으로서 마땅히 지켜야 할 도리(道理). (道 길 도)
	女王 여왕	여자(女子) 임금. (女 계집 녀)

一 二 干 王

王							

外	밖 외 바깥 외	부수: 夕(저녁석) 총 5획
	海外 해외	'바다 밖의 다른 나라'라는 뜻으로 '외국(外國)'을 일컫는 말. (海 바다 해)
	外交 외교	일을 하기 위(爲)하여 밖의 사람과 교제(交際)함. (交 사귈 교)

丿 ク 夕 列 外

外							

勇	날랠 용 용감할 용	부수: 力(힘력) 총 9획
	勇氣 용기	씩씩하고 굳센 기운. 또는 사물을 겁내지 아니하는 기개. (氣 기운 기)
	勇士 용사	용맹스러운 사람. (士 선비 사)

フ マ ア 丙 丙 甬 甬 勇 勇

勇	勇	勇					

	쓸 용	부수 : 用(쓸용) 총 5획
用	用紙 용지	어떤 일에 쓰는 종이. (紙 종이 지)
	公用 공용	① 공공의 목적으로 씀. 또는 그런 물건. ② 공적인 용무. (公 공평할 공)

ノ 刀 月 月 用

用

	오른쪽 우	부수 : 口(입구) 총 5획
右	右側 우측	오른쪽. (側 곁 측)
	右舷 우현	오른쪽의 뱃전. (舷 뱃전 현)

ノ ナ 才 右 右

右

	옮길 운	부수 : 辶(책받침) 총 13획
運	運動 운동	① 사람이 몸을 단련하거나 건강을 위하여 몸을 움직이는 일. ② 어떤 목적을 이루려고 힘쓰는 일. 또는 그런 활동. (動 움직일 동)
	運命 운명	인간을 포함한 모든 것을 지배하는 초인간적인 힘. 또는 그것에 의하여 이미 정하여져 있는 목숨이나 처지. (命 목숨 명)

ノ 厂 宀 闩 冃 冒 宣 軍 渾 運

運

	동산 원	부수 : 口(큰입구몸) 총 13획
園	公園 공원	국가나 지방 공공 단체가 공중의 보건·휴양·놀이 따위를 위하여 마련한 정원, 유원지, 동산 등의 사회 시설. (公 공평할 공)
	田園 전원	논과 밭이라는 뜻으로, 도시에서 떨어진 시골이나 교외(郊外)를 이르는 말. (田 밭 전)

丨 冂 冂 門 門 周 周 周 周 園 園 園 園

園					

	멀 원	부수 : 辶(책받침) 총 14획
遠	遠近 원근	멀고 가까움. (近 가까울 근)
	遠洋 원양	뭍에서 멀리 떨어진 큰 바다. (洋 큰 바다 양)

一 十 土 土 吉 吉 吉 声 袁 袁 袁 遠 遠

遠					

	달 월	부수 : 月(달월) 총 4획
月	月光 월광	달빛. 달에서 비쳐 오는 빛. (光 빛 광)
	日月 일월	해와 달. (日 날 일)

丿 刀 月 月

月					

有	있을 유		부수 : 月(달월) 총 6획
	有功 유공	공로(功勞)가 있음. (功 공로 공)	
	有害 유해	해가 있음. 해로움. (害 해칠 해)	

ノ ナ オ 有 有 有

有					

由	말미암을 유		부수 : 田(밭전) 총 5획
	由來 유래	사물이나 일이 생겨남. 또는 그 사물이나 일이 생겨난 바. (來 올 래)	
	事由 사유	일의 까닭. (事 일 사)	

丨 口 日 由 由

由					

油	기름 유		부수 : 氵(삼수변) 총 8획
	油田 유전	석유가 나는 곳. (田 밭 전)	
	石油 석유	땅속에서 천연으로 나는, 탄화수소를 주성분으로 하는 가연성 기름. (石 돌 석)	

丶 丶 氵 氵 沪 沖 油 油

油					

	기를 육	부수 : 月(육달월) 총 8획
育	育成 육성	어떤 종류(種類)나 무리의 사람을 가르쳐서 기르거나 어떤 품종(品種)의 동물(動物)이나 식물(植物)을 길러 자라게 하는 것. (成 이룰 성)
	育兒 육아	어린아이를 기름. (兒 아이 아)

丶 亠 云 玄 产 育 育 育

育							

	은 은	부수 : 金(쇠금) 총 14획
銀	銀行 은행	예금을 받아 그 돈을 자금으로 하여 대출, 어음 거래, 증권의 인수 따위를 업무로 하는 금융 기관. (行 다닐 행)
	水銀 수은	상온에서 유일하게 액체 상태로 있는 은백색의 금속 원소. 끓는점 356.6℃, 어는점 영하 38.87℃. (水 물 수)

ノ ㅅ ㅌ 仨 仝 今 余 金 金 釒 釒 鈤 銀 銀

銀							

	소리 음	부수 : 音(소리음) 총 9획
音	短音 단음	짧게 나는 소리. 짧은소리. (短 짧을 단)
	長音 장음	길게 내는 소리. 긴소리. (長 길 장)

丶 亠 亠 立 产 咅 音 音 音

音							

飲

마실 음		부수 : 食(밥식변) 총 13획
	飮食 음식	사람이 먹을 수 있도록 만든, 밥이나 국 따위의 물건. (食 밥 식)
	飮料 음료	사람이 마실 수 있도록 만든 액체를 통틀어 이르는 말. (料 헤아릴 료)

ノ 𠆢 𠆢 𠆢 今 今 𩙿 𩙿 𩙿 𩚬 𩚬 飮 飮

飮

邑

고을 읍		부수 : 邑(고을읍) 총 7획
	邑圖 읍도	한 읍의 지도(地圖). (圖 그림 도)
	邑民 읍민	읍내(邑內)에 사는 사람. (民 백성 민)

丨 口 口 吕 吕 吕 邑

邑

意

뜻 의		부수 : 心(마음심) 총 13획
	意見 의견	어떤 대상에 대하여 가지는 생각. (見 볼 견)
	意外 의외	①뜻밖. ②생각 밖. (外 바깥 외)

、 亠 立 立 音 音 音 音 意 意 意

意

醫

의원 의		부수: 酉(닭유) 총 18획
醫大 의대		'의과 대학'을 줄여 이르는 말. (大 클 대)
名醫 명의		병을 잘 고쳐 이름난 의원이나 의사. (名 이름 명)

一 厂 匚 匸 医 医 医 医 医 医 医 医 医 医 医 医 医 医

衣

옷 의		부수: 衣(옷의) 총 6획
衣服 의복		옷. 몸을 싸서 가리거나 보호하기 위하여 피륙 따위로 만들어 입는 물건(物件). (服 옷 복)
衣食住 의식주		옷과 음식과 집을 통틀어 이르는 말. 인간 생활의 세 가지 기본 요소. (食 밥 식)(住 살 주)

丶 一 ナ オ 衣 衣

二

두 이		부수: 二(두이) 총 2획
二重 이중		두 겹, 중복(重複). (重 무게 중)
二十 이십		스물. (十 열 십)

一 二

人	사람 인	부수: 人(사람인) 총 2획
	人事 인사	안부(安否)를 묻거나 공경(恭敬)의 뜻을 표(表)하는 일. (事 일 사)
	個人 개인	한 사람 한 사람. (個 낱 개)

ノ人

人

一	한 일	부수: 一(한일) 총 1획
	一年 일년	한 해. (年 해 년)
	一家 일가	한집안. 한 가족. (家 집 가)

一

一

日	날 일	부수: 日(날일) 총 4획
	日記 일기	날마다 규칙적으로 하루의 일을 되돌아보면서, 그날 있었던 일이나 자기(自己)의 생각이나 느낌 따위를 솔직(率直)하게 적는 글. (記 기록 기)
	日程 일정	일정한 기간 동안 해야 할 일의 계획을 날짜별로 짜 놓은 것. 또는 그 계획. (程 한도 정)

丨冂月日

日

入

들 입

부수 : 入(들입) 총 2획

入學 입학	학교(學校)에 들어감. (學 배울 학)
入社 입사	회사(會社)에 취직(就職)하여 들어감. (社 모일 사)

丿 入

入

自

스스로 자

부수 : 自(스스로자) 총 6획

自身 자신	그 사람의 몸, 또는 바로 그 사람을 이르는 말. (身 몸 신)
自習 자습	혼자의 힘으로 배워서 익힘. (習 익힐 습)

丿 亻 冂 甪 自 自

自

子

아들 자

부수 : 子(아들자) 총 3획

童子 동자	① 남자아이. ② 승려가 되려고 절에서 공부하면서 아직 출가하지 아니한 사내아이. (童 아이 동)
子息 자식	① 부모가 낳은 아이를, 그 부모에 상대하여 이르는 말. ② 어린아이를 귀엽게 이르는 말. (息 쉴 식)

㇇ 了 子

子

字

글자 자	부수 : 子(아들자) 총6획
字音 자음	글자의 음. 흔히 한자의 음을 말함. (音 소리 음)
漢字 한자	중국어(中國語)를 표기(表記)하는 문자(文字). 표의적(表意的) 음절(音節) 문자(文字)로 우리나라 일본(日本) 등에서도 널리 쓰이고 있음. (漢 나라 한)

丶丶宀宁字字

者

놈 자	부수 : 耂(늙을로엄) 총9획
記者 기자	신문, 잡지, 방송 따위에 실을 기사를 취재하여 쓰거나 편집하는 사람. (記 기록할 기)
富者 부자	재물이 많아 살림이 넉넉한 사람. (富 부유할 부)

一 十 土 耂 耂 耂 者 者 者

昨

어제 작	부수 : 日(날일) 총9획
昨今 작금	①어제와 오늘. ②요즈음. ③요사이. (今 이제 금)
昨年 작년	지난해. (年 해 년)

丨 冂 日 日 日' 昨 昨 昨 昨

作	지을 작	부수: 亻(사람인변) 총 7획
	作業 작업	① 일을 함. 또는 그 일. ② 일정한 목적과 계획 아래 하는 일. (業 업 업)
	作用 작용	어떠한 현상을 일으키거나 영향을 미침. (用 쓸 용)

丿 亻 亻 亻 作 作 作

作							

長	길 장 어른 장	부수: 長(길장) 총 8획
	長點 장점	좋거나 잘하거나 긍정적인 점. (點 점 점)
	長男 장남	맏아들. (男 사내 남)

丨 丆 FF 토 長 長 長

長							

場	마당 장	부수: 土(흙토) 총 12획
	場所 장소	어떤 일이 이루어지거나 일어나는 곳. (所 바 소)
	牧場 목장	소·말·양 따위를 놓아먹이는 넓은 구역(區域)의 땅. (牧 기를 목)

一 十 土 圵 坍 坍 坍 坍 塌 場 場 場

場							

章	글 장	부수: 立(설립) 총 11획
	圖章 도장	일정한 표적으로 삼기 위하여 개인, 단체, 관직 따위의 이름을 나무, 뼈, 뿔, 수정, 돌, 금 따위에 새겨 문서에 찍도록 만든 물건. (圖 그림 도)
	文章 문장	① 생각이나 감정을 말과 글로 표현할 때 완결된 내용을 나타내는 최소의 단위. ② 한 나라의 문명을 이룬 예악(禮樂)과 제도. 또는 그것을 적어 놓은 글. (文 글월 문)

丶 亠 立 辛 音 音 音 音 章 章

章

才	재주 재	부수: 扌(재방변) 총 3획
	才能 재능	어떤 일을 하는 데 필요한 재주와 능력. 개인이 타고난 능력과 훈련에 의하여 획득된 능력을 아울러 이름. (能 능할 능)
	人才 인재	재주가 아주 뛰어난 사람. (人 사람 인)

一 十 才

才

在	있을 재	부수: 土(흙토) 총 6획
	不在 부재	그곳에 있지 아니함. (不 아닐 부)
	所在 소재	어떤 곳에 있음. 또는 있는 곳. (所 바 소)

一 ナ 才 才 在 在

在

	번개 전	부수: 雨(비우) 총 13획
電	原電 원전	원자력(原子力) 발전(發電). 원자력(原子力) 발전소(發電所). (原 근원 원, 언덕 원)
	電話 전화	전화기(電話機)를 이용(利用)하여 서로 이야기를 주고받음. (話 말씀 화)

一 厂 厂 币 币 雨 雨 雨 雨 雷 雷 電

電 | | | | | |

	온전할 전	부수: 入(들입) 총 6획
全	全體 전체	온몸. 전신(全身). 전부(全部). 개개 또는 부분의 집합으로 구성된 것을 몰아서 하나의 대상으로 삼는 경우에 바로 그 대상. (體 몸 체)
	安全 안전	편안(便安)하여 탈이나 위험성(危險性)이 없음. 또는 그런 상태. (安 편안 안)

ノ 入 入 仝 仐 全

全 | | | | | |

	앞 전	부수: 刂(선칼도방) 총 9획
前	事前 사전	어떤 일을 시작(始作)하거나 실행(實行)하기 전, 또는 일이 일어나기 전(前). (事 일 사)
	前後 전후	앞과 뒤. 먼저와 나중. (後 뒤 후)

丶 丷 ㅛ 广 广 丬 肯 前 前

前 | 前 | 前 | | | |

戰	싸움 전	부수 : 戈(창과) 총 16획
	戰力 전력	전류가 단위 시간에 하는 일. 또는 단위 시간에 사용되는 에너지의 양. (力 힘 력)
	作戰 작전	① 어떤 일을 이루기 위하여 필요한 조치나 방법을 강구함. ② 군사적 목적을 이루기 위하여 행하는 전투. (作 지을 작)

丶 丷 丬 丬丬 吅 吅 吅 單 單 單 戰 戰 戰

戰						

正	바를 정	부수 : 止(그칠지) 총 5획
	正直 정직	거짓이나 꾸밈이 없이 성품(性品)이 바르고 곧음. (直 곧을 직)
	正確 정확	어떤 기준(基準)이나 사실(事實)에 잘못됨이나 어긋남이 없이 바르게 맞는 상태(狀態)에 있는 것. (確 굳을 확)

一 丁 下 正 正

正						

庭	뜰 정	부수 : 广(엄호) 총 10획
	庭園 정원	집 안에 있는 뜰이나 꽃밭. (園 동산 원)
	家庭 가정	부부를 중심으로 그 부모나 자녀를 포함한 집단과 그들이 살아가는 물리적 공간인 집을 포함한 생활 공동체를 통틀어 이르는 말. (家 집 가)

丶 一 广 广 庐 庄 庄 庭 庭

庭						

定	정할 정	부수: 宀(갓머리) 총 8획
	定立 정립	① 정하여 세움. ② 전체에서 특정한 면이나 일정한 내용을 추출하여 고정하는 일. (立 설 립)
	國定 국정	나라에서 정함. 또는 그런 것. (國 나라 국)

丶 丶 宀 宀 宀 宀 定 定

定

弟	아우 제	부수: 弓(활궁) 총 7획
	弟子 제자	스승으로부터 가르침을 받는 사람. (子 아들 자)
	師弟 사제	스승과 제자(弟子). (師 스승 사)

丶 丶 丷 丷 弓 弟 弟

弟

第	차례 제	부수: 竹(대죽) 총 11획
	第一 제일	① 여럿 가운데서 첫째가는 것. ② 여럿 가운데 가장. (一 한 일)
	第三者 제삼자	일정한 일에 직접 관계가 없는 사람. (三 석 삼) (者 놈 자)

丿 ノ ⺮ ⺮ 竹 竹 竹 竺 笃 第 第

第

題

제목 제

부수: 頁(머리혈) 총 18획

題目 제목	작품이나 강연, 보고 따위에서, 그것을 대표하거나 내용을 보이기 위하여 붙이는 이름. (目 눈 목)
問題 문제	①해답을 요구하는 물음. ②논쟁, 논의, 연구 따위의 대상이 되는 것. ③해결하기 어렵거나 난처한 대상. 또는 그런 일. ④귀찮은 일이나 말썽. (問 물을 문)

丶 冂 日 日 旦 早 早 昇 是 是 是 題 題 題 題 題

祖

조상 조 / 할아버지 조

부수: 示(보일시) 총 10획

祖上 조상	한 집안이나 한 민족(民族)의 옛 어른들. (上 위 상)
祖國 조국	조상(祖上) 적부터 살던 나라. 자기(自己)의 국적이 속하여 있는 나라. (國 나라 국)

一 二 丅 亍 示 礻 礽 袓 袓 祖

朝

아침 조

부수: 月(달월) 총 12획

朝夕 조석	아침과 저녁을 아울러 이르는 말. (夕 저녁 석)
王朝 왕조	같은 왕가에 속하는 통치자의 계열. 또는 그 왕가가 다스리는 시대. (王 임금 왕)

一 十 卉 古 古 直 卓 朝 朝 朝

足	발 족 지나칠 주	부수 : 足(발족) 총 7획
	滿足 만족	마음에 모자람이 없어 흐뭇함. (滿 찰 만)
	洽足 흡족	아주 넉넉함. 두루 퍼져서 조금도 모자람이 없음. (洽 흡족할 흡)

`丨 ㅁ ㅁ 口 ㅁ 乎 足 足`

足						

族	겨레 족	부수 : 方(모방) 총 11획
	家族 가족	주로 부부를 중심으로 한, 친족 관계에 있는 사람들의 집단. 또는 그 구성원. (家 집 가)
	民族 민족	일정한 지역에서 오랜 세월 동안 공동생활을 하면서 언어와 문화상의 공통성에 기초하여 역사적으로 형성된 사회 집단. (民 백성 민)

`丶 亠 于 方 方 方 於 於 旅 族 族`

族						

左	왼 좌	부수 : 工(장인공) 총 5획
	左右 좌우	왼쪽과 오른쪽을 아울러 이르는 말. (右 오른쪽 우)
	左側 좌측	왼쪽. (側 곁 측)

`一 ナ ナ 左 左`

左						

主	임금 주 주인 주	부수: 丶(점주) 총 5획	
	主張 주장	자기(自己) 의견(意見)을 굳이 내세움. (張 베풀 장)	
	主婦 주부	한 가정의 살림살이를 맡아 꾸려 가는 안주인. (婦 아내 부)	

丶 亠 亠 主 主

主						

住	살 주	부수: 亻(사람인변) 총 7획	
	住所 주소	사는 곳. (所 바 소)	
	住宅 주택	①살림살이를 할 수 있도록 지은 집. ②사람이 살 수 있도록 지은 집. (宅 집 택)	

丿 亻 亻 仁 仁 住 住

住						

注	물댈 주 부을 주	부수: 氵(삼수변) 총 8획	
	注目 주목	①관심을 가지고 주의 깊게 살핌. 또는 그 시선. ②조심하고 경계하는 눈으로 살핌. 또는 그 시선. (目 눈 목)	
	注意 주의	①마음에 새겨 두고 조심함. ②어떤 한 곳이나 일에 관심을 집중하여 기울임. ③경고나 훈계의 뜻으로 일깨움. (意 뜻 의)	

丶 丶 氵 氵 汁 汁 注 注

注						

晝	낮 주	부수 : 日(날일) 총 11획
	晝間 주간	먼동이 터서 해가 지기 전까지의 동안. 낮. (間 사이 간)
	晝夜 주야	①낮과 밤. ②밤낮. (夜 밤 야)

フ ⇁ ⇒ ⇃ 聿 書 書 書 書 書 晝

晝						

中	가운데 중	부수 : ㅣ(뚫을곤) 총 4획
	中心 중심	한가운데, 복판, 중요(重要)하고 기본(基本)이 되는 부분(部分). (心 마음 심)
	心中 심중	마음속. (心 마음 심)

ㅣ ㅁ ㅁ 中

中						

重	무거울 중	부수 : 里(마을리) 총 9획
	尊重 존중	높이고 중(重)히 여김. (尊 높을 존)
	重要 중요	매우 귀중(貴重)하고 소중(所重)함. (要 요긴할 요)

´ ー 彳 亠 宀 슴 酋 重 重

重						

	종이 지	부수 : 糸(실사) 총 10획
紙	休紙 휴지	못 쓰게 된 종이. 밑씻개나 코를 풀거나 하는 데 쓰는 종이. (休 쉴 휴)
	便紙 편지	소식(消息)을 서로 알리거나 용건(用件)을 적어 보내는 글, 또는 그리하는 일. (便 편할 편)

` ⺌ ⺌ 幺 幺 糸 糸 糹 紅 紙 紙`

紙						

	땅 지	부수 : 土(흙토) 총 6획
地	地位 지위	개인(個人)이 차지하는 사회적(社會的) 위치(位置). (位 자리 위)
	宅地 택지	집터. 집을 지을 땅. (宅 집 택)

`一 十 土 圤 地 地`

地						

	곧을 직	부수 : 目(눈목) 총 8획
直	直接 직접	중간(中間)에 매개(媒介)나 거리(距離)·간격(間隔) 없이 바로 접함. (接 이을 접)
	直後 직후	어떤 일이 있고 난 바로 다음. (後 뒤 후)

`一 十 十 冇 冇 冇 直 直`

直						

	모을 집	부수 : 隹(새추) 총 12획
集	集中 집중	① 한곳을 중심으로 하여 모임. 또는 그렇게 모음. ② 한 가지 일에 모든 힘을 쏟아부음. (中 가운데 중)
	集合 집합	① 사람들을 한곳으로 모으거나 모임. ② 특정 조건에 맞는 원소들의 모임. (合 합할 합)

ノ 亻 亻 亻 亻 亻 佳 佳 隹 隼 集 集

集						

	창 창	부수 : 穴(구멍혈) 총 11획
窓	窓口 창구	창을 내거나 뚫어 놓은 곳. 단체나 기관 등에서 서로 협조하거나 외부 사람과 직접 접촉하기 위하여 마련하여 놓은 연락 부서를 비유적으로 이르는 말. (口 입 구)
	窓門 창문	공기나 햇빛을 받을 수 있고, 밖을 내다볼 수 있도록 벽이나 지붕에 낸 문. (門 문 문)

丶 ﾘ 宀 宀 宀 空 空 空 窓 窓 窓

窓						

	내 천	부수 : 川(내천) 총 3획
川	河川 하천	강과 시내. (河 하천 하)
	大川 대천	큰 내. 또는 이름난 내. (大 클 대, 큰 대)

ノ 丿 川

川						

千

일천 천	부수: 十(열십) 총3획
千里 천리	① 십(十) 리(里)의 백 갑절. ② 썩 먼 거리(距離). ③ 멀리 떨어져 있는 거리(距離). (里 마을 리)
千年 천년	① 백 년의 열 갑절. ② 썩 오랜 세월(歲月). (年 해 년)

丿 二 千

千

天

하늘 천	부수: 大(큰대) 총4획
天地 천지	① 하늘과 땅. ② 우주(宇宙). (地 땅 지)
天然 천연	① 사람의 힘을 가(加)하지 않은 상태(狀態). ② 사람의 힘으로는 어떻게도 할 수 없는 상태(狀態). (然 그럴 연)

丿 二 于 天

天

靑

푸를 청	부수: 靑(푸를청) 총8획
靑山 청산	나무가 무성(茂盛)하여 푸른 산(山). (山 메 산)
靑春 청춘	십 대 후반(後半)에서 이십 대에 걸치는, 인생(人生)의 젊은 나이. (春 봄 춘)

一 = キ 主 丰 靑 靑 靑

靑

淸

맑을 청		부수: 氵(삼수변) 총 11획
	淸明 청명	① 날씨가 맑고 밝음. ② 소리가 맑고 밝음. ③ 형상이 깨끗하고 선명함. (明 밝을 명)
	淸風 청풍	부드럽고 맑은 바람. (風 바람 풍)

丶 丶 氵 氵 浐 浐 浐 淸 淸 淸 淸

體

몸 체		부수: 骨(뼈골) 총 23획
	物體 물체	① 구체적인 형태를 가지고 있는 것. ② 물건의 형체. (物 물건 물)
	自體 자체	① 제몸. ② 그 자신(自身). ③ 사물(事物)의 본새. (自 스스로 자)

丨 冂 冃 冎 冎 骨 骨 骨 骨 骨 骨豊 骨豊 骨豊 骨豊 骨豊 骨豊 體

草

풀 초		부수: ⺿(초두머리) 총 10획
	草木 초목	풀과 나무. (木 나무 목)
	草家 초가	볏짚·밀짚·갈대 등으로 지붕을 인 집. 초가집. (家 집 가)

一 十 卝 艹 艹 苎 苎 苩 草 草

寸	마디 촌		부수: 寸(마디촌) 총 3획
	三寸 삼촌		한 자의 10분의 3, 즉 세 치, 또는 아버지의 친형제 (親兄弟). (三 석 삼)
	八寸 팔촌		여덟 치, 또는 삼종(三從) 형제(兄弟)되는 촌수(寸數). (八 여덟 팔)

一 寸 寸

寸						

村	마을 촌		부수: 木(나무목) 총 7획
	江村 강촌		강가에 있는 마을. (江 강 강)
	山村 산촌		산 속에 있는 마을. 산간(山間)의 마을. (山 메 산)

一 十 才 木 村 村

村						

秋	가을 추		부수: 禾(벼화) 총 9획
	秋收 추수		가을에 익은 곡식을 거두어들임. (收 거둘 수)
	立秋 입추		24절기(節氣)의 열셋째. 대서와 처서 사이에 드는 데, 양력(陽曆) 8월 8일이나 9일이 되며 이때부터 가을이 시작(始作)됨. (立 설 입)

丿 二 千 千 禾 禾 禾 秋 秋

秋						

	봄 춘	부수 : 日(날일) 총 9획
春	春秋 춘추	① 봄과 가을. ② 어른의 나이에 대한 존칭(尊稱). ③ 춘추(春秋) 시대의 줄임. ④ 공자(孔子)가 엮은 것으로 오경(五經)의 하나. (秋 가을 추)
	春分 춘분	24절기(節氣)의 넷째. 경칩(驚蟄)과 청명(淸明) 사이로 양력(陽曆) 3월 21일 경(頃)으로 주야(晝夜)의 길이가 같음. (分 나눌 분)

一 二 三 三 丰 夫 夫 春 春 春

春						

	날 출	부수 : 凵(위튼입구몸) 총 5획
出	出發 출발	목적지(目的地)를 향하여 나아감. 또는 어떤 일을 시작(始作)함. 또는 그 시작(始作). (發 필 발)
	脫出 탈출	어떤 상황이나 구속 따위에서 빠져나옴. (脫 벗을 탈)

丨 丄 屮 出 出

出						

	친할 친	부수 : 見(볼견) 총 16획
親	親愛 친애	친밀히 사랑함. 또는 그 사랑. (愛 사랑 애)
	親和 친화	① 사이좋게 잘 어울림. ② 서로 종류가 다른 물질이 화합함. 또는 그 현상. (和 화할 화)

、 亠 立 方 立 辛 辛 亲 亲 新 新 親 親 親

親						

七	일곱 칠	부수: 一(한일) 총 2획
	七夕 칠석	음력(陰曆) 7월 7일, 이때에 은하의 서쪽에 있는 직녀와 동쪽에 있는 견우가 오작교에서 일 년에 한 번 만난다는 전설이 있음. (夕 저녁 석)
	七月 칠월	한 해의 열두 달 가운데 일곱째 달. (月 달 월)

一 七

七

太	클 태	부수: 大(큰대) 총 4획
	太陽 태양	① 태양계의 중심을 이루는 발광체로 지구(地球)에서 가장 가까운 항성(恒星). ② 매우 소중하거나 희망을 주는 존재를 비유적으로 이르는 말. (陽 볕 양)
	太平 태평	① 나라가 안정되어 아무 걱정 없고 평안함. ② 마음에 아무 근심 걱정이 없음. (平 평평할 평)

一 ナ 大 太

太

土	흙 토	부수: 土(흙토) 총 3획
	土地 토지	땅, 흙, 논밭, 집터, 터. (地 땅 지)
	風土 풍토	기후(氣候)와 토지(土地)의 상태(狀態). (風 바람 풍)

一 十 土

土

	통할 **통**	부수 : 辶(책받침) 총 11획
通	通信 통신	①소식을 전함. ②우편이나 전신, 전화 따위로 정보나 의사를 전달함. (信 믿을 신)
	交通 교통	자동차·기차·배·비행기 따위를 이용하여 사람이 오고 가거나, 짐을 실어 나르는 일. (交 사귈 교)

フ マ マ ア 丙 丙 甬 涌 通

| 通 | | | | | | |

	특별할 **특** 수컷 **특**	부수 : 牛(소우) 총 10획
特	特別 특별	보통과 구별되게 다름. (別 나눌 별)
	特色 특색	보통의 것과 다른 점. (色 빛 색)

丿 一 ㅓ 牛 牜 牜 牪 牪 特 特

| 特 | | | | | | |

	여덟 **팔**	부수 : 八(여덟팔) 총 2획
八	八十 팔십	여든, 나이 여든 살. (十 열 십)
	八月 팔월	일 년 중 여덟 번째의 달, 추석. (月 달 월)

丿 八

| 八 | | | | | | |

便

	편할 편 똥오줌 변	부수 : 亻(사람인변) 총 9획
	便利 편리	편하고 이로우며 이용하기 쉬움. (利 이로울 리)
	小便 소변	오줌. (小 작을 소)

丿 亻 亻 亻 佰 佰 佰 便 便

便

平

	평평할 평	부수 : 干(방패간) 총 5획
	平和 평화	① 평온(平穩)하고 화목(和睦)함. ② 전쟁(戰爭), 분쟁 또는 일체의 갈등이 없이 평온함, 또는 그런 상태. (和 화할 화)
	平等 평등	권리, 의무, 자격 등이 차별 없이 고르고 한결같음. (等 무리 등)

一 一 ㄏ 亽 쓰 平

平

表

	겉 표	부수 : 衣(옷의) 총 8획
	表面 표면	① 사물의 가장 바깥쪽. 또는 가장 윗부분. ② 겉으로 나타나거나 눈에 띄는 부분. (面 낯 면)
	表現 표현	① 생각이나 느낌 따위를 언어나 몸짓 따위의 형상으로 드러내어 나타냄. ② 눈앞에 나타나 보이는 사물의 이러저러한 모양과 상태. (現 나타날 현)

一 二 キ 主 丰 表 表 表

表

風	바람 풍		부수 : 風(바람풍) 총 9획
	風力 풍력	①바람의 세기. ②동력으로서의 바람의 힘. (力 힘 력)	
	風習 풍습	풍속(風俗)과 습관(習慣)을 아울러 이르는 말. (習 익힐 습)	

) 几 凡 凡 凨 凬 凬 風 風

風						

下	아래 하		부수 : 一(한일) 총 3획
	臣下 신하	임금을 섬기어 벼슬을 하는 자리에 있는 사람. (臣 신하 신)	
	下流 하류	①강이나 내의 흘러가는 물의 아래편. ②수준 따위가 낮은 부류. (流 흐를 류)	

一 丅 下

下						

夏	여름 하		부수 : 夂(천천히걸을쇠발) 총 10획
	淸夏 청하	맑고 산뜻한 여름. (淸 맑을 청)	
	夏服 하복	여름 옷. (服 옷 복)	

一 丆 百 百 百 百 頁 頁 夏 夏

夏						

學	배울 학	부수 : 子(아들자) 총 16획
	學校 학교	일정한 목적·교과 과정·설비·제도 및 법규에 의하여 교사가 계속적으로 학생에게 교육을 실시하는 기관. (校 학교 교)
	學問 학문	어떤 분야를 체계적으로 배워서 익힘. 또는 그런 지식(知識). (問 물을 문)

` ´ ʳ ʳ ʳ ʳ ʳ 尚 尚 尙 與 與 學 學 學

學

韓	나라이름 한 한국 한	부수 : 韋(가죽위) 총 17획
	韓國 한국	대한민국(大韓民國)의 약칭(略稱). (國 나라 국)
	韓服 한복	우리나라의 고유(固有)한 옷. (服 옷 복)

一 十 十 古 古 吉 卓 卓 乾 乾 乾 乾 韓 韓 韓 韓

韓

漢	한수 한 한나라 한	부수 : 氵(삼수변) 총 14획
	漢詩 한시	한문(漢文)으로 지은 시(詩). (詩 시 시)
	漢江 한강	우리나라 중부를 흐르는 강. 태백산맥에서 시작하여 황해로 흘러듦. (江 강 강)

丶 丶 氵 氵 汁 芦 芦 芦 芦 汁 漢 漢

漢

合

합할 합	부수: 口(입구) 총 6획
合格 합격	시험, 검사, 심사 따위에서 일정한 조건을 갖추어 어떠한 자격이나 지위 따위를 얻음. (格 격식 격)
合同 합동	① 둘 이상의 조직이나 개인이 모여 행동이나 일을 함께함. ② 두 개의 도형이 크기와 모양이 같아 서로 포개었을 때에 꼭 맞는 것. (同 한가지 동)

丿 人 亼 仒 合 合

海

바다 해	부수: 氵(삼수변) 총 10획
海軍 해군	바다에서 전투(戰鬪)를 맡아 하는 군대(軍隊). (軍 군사 군)
海洋 해양	넓은 바다, 지구(地球)의 거죽에 큰 넓이로 짠물이 많이 괴어 있는 곳. (洋 물 양)

丶 丶 氵 氵 汒 汢 洰 海 海 海

幸

다행 행	부수: 干(방패간) 총 8획
幸福 행복	① 복된 좋은 운수. ② 생활에서 충분한 만족과 기쁨을 느끼어 흐뭇함. 또는 그러한 상태. (福 복 복)
幸運 행운	좋은 운수. 또는 행복한 운수. (運 옮길 운)

一 十 土 士 𡘓 𡘔 𡘕 幸

行	다닐 행	부수 : 行(다닐행) 총 6획
	行動 행동	몸을 움직여 동작을 하거나 어떤 일을 함. (動 움직일 동)
	行事 행사	어떤 일을 시행함. 또는 그 일. (事 일 사)

丶 彳 彳 彳 行 行

行							

向	향할 향	부수 : 口(입구) 총 6획
	向上 향상	실력, 수준, 기술 따위가 나아짐. 또는 나아지게 함. (上 위 상)
	向後 향후	① 이다음. ② 뒤미처(그 뒤에 곧 잇따라) 오는 때나 자리. (後 뒤 후)

丿 丿 冂 冋 向 向

向							

現	나타날 현	부수 : 王(구슬옥변) 총 11획
	現在 현재	① 지금의 시간. ② 기준으로 삼은 그 시점. (在 있을 재)
	現場 현장	① 사물이 현재 있는 곳. ② 일이 생긴 그 자리. ③ 일을 실제 진행하거나 작업하는 그곳. (場 마당 장)

一 二 干 王 王 珇 玥 珇 珇 現 現

現							

兄

맏형, 형형

부수 : 儿(어진사람인발) 총 5획

兄弟 형제	형과 아우. (弟 아우 제)
仁兄 인형	벗에 대한 높임말, 편지글에서 친구 사이에 상대편을 높여 이르는 이인칭 대명사. (仁 어질 인)

丨 ㅁ ㅁ 므 兄

形

모양형

부수 : 彡(터럭삼) 총 7획

形成 형성	어떤 형상을 이룸. (成 이룰 성)
形式 형식	① 사물이 외부로 나타나 보이는 모양. ② 일을 할 때의 일정한 절차나 양식 또는 한 무리의 사물을 특징짓는 데에 공통적으로 갖춘 모양. (式 법 식)

一 二 チ 开 开 形 形

號

**이름호
부르짖을호**

부수 : 虍(범호엄) 총 13획

口號 구호	집회나 시위 따위에서 어떤 요구나 주장 따위를 간결한 형식으로 표현한 문구. (口 입 구)
信號 신호	일정한 부호, 표지, 소리, 몸짓 따위로 특정한 내용 또는 정보를 전달하거나 지시를 함. 또는 그렇게 하는 데 쓰는 부호. (信 믿을 신)

丨 ㅁ ㅁ 므 号 号 昗 昗 號 號 號 號 號

	불 화	부수 : 火(불화) 총 4획
火	火山 화산	땅속에 있는 가스, 마그마 따위가 지각의 터진 틈을 통하여 지표로 나와 쌓여서 이루어진 산으로 사화산(死火山), 휴화산(休火山), 활화산(活火山)으로 나뉨. (山 메 산)
	火災 화재	불이 나는 재앙(災殃) 또는, 불로 인한 재난(災難). (災 재앙 재)

丶 丷 少 火

火						

	말씀 화 이야기 화	부수 : 言(말씀언) 총 13획
話	對話 대화	마주 대(對)하여 서로 의견(意見)을 주고받으며 이야기하는 것, 또는 그 이야기. (對 대할 대)
	通話 통화	전화로 말을 주고받음. (通 통할 통)

丶 二 三 三 言 言 言 訁 訐 訐 話 話

話						

	꽃 화	부수 : ⺿(초두머리) 총 8획
花	花草 화초	꽃이 피는 풀과 나무. 또는, 꽃이 없더라도 분에 심어서 관상용(觀賞用)이 되는 온갖 식물(植物). (草 풀 초)
	開花 개화	① 꽃이 핌. ② 사람의 지혜가 열리고 사상(思想)·풍속(風俗)이 발달(發達)함. (開 열 개)

一 十 十 艹 艹 芢 花 花

花						

和	화할 화		부수 : 口(입구) 총 8획
	和答 화답	시(詩)나 노래에 응하여 대답함. (答 대답할 답)	
	和合 화합	화목하게 어울림. (合 합할 합)	

丿 二 千 禾 禾 和 和

和							

畫	그림 화		부수 : 田(밭전) 총 12획
	畫家 화가	그림 그리는 것을 직업으로 하는 사람. (家 집 가)	
	畫面 화면	① 그림 따위를 그린 면. ② 텔레비전이나 컴퓨터 따위에서 그림이나 영상이 나타나는 면. (面 낯 면)	

フ ㄱ ㅋ ㅋ 聿 畫 畫 畫 畫 畫 畫 畫

畫							

活	살 활		부수 : 氵(삼수변) 총 9획
	活力 활력	살아 움직이는 힘. (力 힘 력)	
	生活 생활	① 사람이나 동물이 일정한 환경에서 활동(活動)하며 살아감. ② 생계(生計)나 살림을 꾸려 나감. (生 날 생)	

丶 丶 氵 汙 汙 汗 汗 活 活

活							

黃

누를 황	부수 : 黃(누를황) 총 12획
黃金 황금	① 누런빛의 금이라는 뜻으로, 금을 다른 금속과 구별하여 이르는 말. ② 돈이나 재물을 비유적으로 이르는 말. (金 쇠금, 성김)
黃土 황토	누렇고 거무스름한 흙. (土 흙토)

一 十 卄 艹 뀨 芇 苩 昔 苗 苗 黃 黃

會

모일 회	부수 : 日(가로왈) 총 13획
會社 회사	상행위 또는 그 밖의 영리 행위를 목적으로 하는 사단 법인. (社 모일 사)
會長 회장	① 모임을 대표하고 모임의 일을 총괄하는 사람. ② 회사에서 사장 위의 직책. (長 길 장)

丿 人 人 人 合 命 命 命 侖 侖 會 會 會

孝

효도 효	부수 : 子(아들자) 총 7획
孝道 효도	부모(父母)를 잘 섬기는 도리(道理), 또는 부모(父母)를 정성껏 잘 섬기는 일. (道 길도)
孝誠 효성	마음껏 어버이를 잘 섬기는 정성(精誠). (誠 정성 성)

一 十 土 耂 考 考 孝

	뒤 후	부수: 彳(두인변) 총 9획
後	後退 후퇴	뒤로 물러남. (退 물러날 퇴)
	後悔 후회	이전의 잘못을 깨치고 뉘우침. (悔 뉘우칠 회)

丿 ㄅ 彳 犭 犳 犳 後 後 後

後						

	가르칠 훈	부수: 言(말씀언) 총 10획
訓	訓手 훈수	바둑이나 장기 따위를 둘 때에 구경하던 사람이 끼어들어 수를 가르쳐 줌. (手 손 수)
	訓長 훈장	① 글방의 선생. ② 학교에서 학생을 가르치는 사람을 예스럽게 이르는 말. (長 길 장)

丶 亠 ㇒ 言 言 言 訁 訓 訓

訓						

	쉴 휴	부수: 亻(사람인변) 총 6획
休	休息 휴식	하던 일을 멈추고 잠깐 동안 쉼. (息 쉴 식)
	連休 연휴	이틀 이상(以上) 휴일(休日)이 겹침. 또는 그런 휴일(休日). (連 잇닿을 연)

丿 亻 亻 什 休 休

休	休	休				

少年易老學難成　　一寸光陰不可輕
소년이로학난성　　일촌광음불가경

소년은 늙기 쉽고, 배움은 이루기 어려우니
짧은 시간이라도 가볍게 여기지 말라.